THEATERBIBLIOTHEK

DAS JAHR VON MEINEM SCHLIMMSTEN GLÜCK: Eine Frau erwacht verletzt im Wald. Gegenüber: ein verunfallter Wagen, und darin, regungslos: ein Mann. Die Frau hat ihr Gedächtnis verloren. Nur das Lied »Gloomy Sunday« aus dem Autoradio scheint eine Spur zum Puzzle ihrer Identität und zu einer bitteren Liebesgeschichte zu sein. Nach und nach kehren die Erinnerungen zurück. Doch es sind solche, mit denen sich schwer leben lässt.

HERBST DER UNTERTANEN: Eine herrschaftliche Villa irgendwo auf der Welt. Seit Wochen tobt ein Bürgerkrieg. Über den Verbleib des Hausherrn, des ersten Mannes im Staat, ist nichts bekannt. Auch die Hausangestellten haben die Flucht ergriffen – bis auf eine altgediente Köchin, die Haushälterin und eine junge Aushilfe. Abgeschnitten von der Außenwelt sind die drei Frauen auf sich gestellt. Alte Vorurteile und neue Rivalitäten brechen sich Bahn; die Villa wird ihrerseits zum Schlachtfeld.

SCHÖNHEIT: Das Königliche Ungarn im Jahr 1611: Die reiche, mächtige Gräfin Erzsébet Báthory wird auf ihrer Burg festgesetzt und wegen Mordes an zahlreichen jungen Frauen angeklagt. Sie soll sie getötet haben, um sich mit ihrem Blut zu verjüngen. Die berühmte Legende der »Blutgräfin« beflügelte die Phantasie von Autoren und Filmemachern. Nino Haratischwili erzählt sie neu: als Geschichte von Liebe und Intrigen – und von einer Frau, deren Machtfülle auf verhängnisvolle Weise mit ihren verletzten Gefühlen kollidiert.

Nino Haratischwili

Herbst der Untertanen

Drei Stücke

VERLAG DER AUTOREN
Der Verlag der Autoren gehört den Autoren des Verlages

Bibliografische Information der Deutschen Nationalbibliothek
Die Deutsche Nationalbibliothek verzeichnet diese Publikation in der Deutschen Nationalbibliografie; detaillierte bibliografische Daten sind im Internet unter http://dnb.dnb.de abrufbar.
1. Auflage 2015

Verlag der Autoren GmbH & Co. KG
Taunusstraße 19, 60329 Frankfurt am Main
Telefon: 069 23 85 74-20, Fax: 069 24 27 76 44
E-Mail: theater@verlagderautoren.de
www.verlagderautoren.de

Satz: Maintypo, Reutlingen
Umschlag: Bayerl + Ost, Frankfurt am Main
Druck: betz-druck GmbH, Darmstadt

Printed in Germany

ISBN 978-3-88661-373-1

Inhalt

Das Jahr von meinem schlimmsten Glück

Ein melodramatisches, pathetisches, kitschiges, ja genau, kitschiges Melodram

Personen

DARIO
IVY / DIE JUNGE FRAU / DIE FRAU, *eine oder mehrere Frauen unterschiedlichen Alters*
ARIANE
REZSO

Vorzugsweise sollten alle Rollen mit Frauen besetzt werden.

»Was die Liebe so lästig macht, ist der Umstand, dass sie ein Verbrechen ist, das man nicht ohne Komplizen begehen kann.«

Baudelaire

EIN PROLOG VOR DEM PROLOG (AD LIBITUM)

Ein Frauenchor – alle Frauen aus dem Stück.

– Ich will eine Geschichte erzählen. Meine Geschichte. Meine. Meine. Meine Geschichte. Es ist eine Liebesgeschichte. Oder eben eine Lebensgeschichte. Den Unterschied habe ich eh nie verstanden. Naja, das Problem daran ist, dass diese Geschichte gefühlig ist, voller gefühliger Sätze, die ich gesagt habe, die man mir gesagt hat, die hängen geblieben sind wie Staub, wie kleine, kleine, winzig kleine Staubpartikel, die sich nicht einfach wegwischen lassen, obwohl ich schon alle möglichen Staubwischer, Tücher und sonst was probiert habe.
– Vor allem ist es problematisch, weil es eine Liebesgeschichte ist und wir eigentlich versuchen wollten, die scheiß Klischees mal nicht zu bedienen, eigentlich wollten wir versuchen, ganz was anderes zu erzählen, was Transzendentales, Diskursives, was …
– Hallo? Wir hatten uns vielleicht darauf geeinigt, dass wir solche lyrischen Abschweifungen lassen?
– Es geht nicht, verdammt!
– Und, nun ja, ich muss sie erzählen, weil ich diese Möglichkeit hier bekommen habe, oder sie mir nehme. Ich stehe also da und erzähle die Geschichte.
– Meine.
– Meine.
– Meine.
– Geschichte.
– Das Problem ist aber, wie gesagt, dass es eine gefühlige Geschichte ist, die sich nicht anders erzählen lässt. Also mit dem Pathos, das ja an sich ursprünglich einfach nur Leidenschaft bedeutet, das hab ich

extra nachgeguckt, ja? Damit da nicht diese Totschlagsargumente kommen und diese ganzen intellektuellen Sachen, von Leuten, die davon ausgehen, dass man als Frau keine Ahnung und deswegen zu kuschen hat.

– Lass das!

– Nein, geht nicht. Tschuldigung. Das ist mir egal. Das muss jetzt hier mal gesagt werden!

– Na ja, eine Geschichte mit allem drum und dran und vor allem mit dieser verdammten Liebe, die ich hier wirklich, leider wirklich, wirklich nicht weg lassen kann. Frauen hin oder her. Ich meine, mein Physiotherapeut sagt neulich zu mir, Frauen mit großen Brüsten seien bedroht von Rückenproblemen. Unterschwellig will er mir sagen: Schätzchen, die Brüste sind eine Bedrohung, zu viel Östrogen ist eine Bedrohung, eine gefühlige Geschichte ist eine Bedrohung, sei keine Bedrohung, bitte, bitte, sei nicht anders, mach mir keine Probleme …

– Lass. Das hat hier nichts zu suchen!

– Das wird jetzt echt peinlich, hallo?

– Ich. Also wir. Wir würden gern. Damit man uns nicht auf unsere eigenen Klischees reduziert. Wir würden gern einen sachlichen Bericht vorlegen, voller kluger Zitate …

– Und theoretischem Hintergrundmaterial.

– Der für neue Einsichten und Erkenntnisse im Publikum sorgen würde.

– Und ich würde auch gern eine klare, entschiedene und vor allem bedachte Haltung zu dem ganzen Thema einnehmen. Objektiv, distanziert. Zynisch. Vor allem zynisch.

– Ja, wir würden echt gerne keine Liebesgeschichte erzählen wollen.

– Weil, ja, weil es sonst gleich heißt: »weibliche Sicht«.
– Vielleicht sollten wir ein wenig Exotismus untermischen.
– Und Jugend, ja, Jugend … Wer ist die Jüngste hier? Komm, du musst uns jetzt alle repräsentieren, okay? Du bist weiblich, jung, und wer ist hier die Exotin? Okay, dann solltest du dich zu ihr stellen und ihr repräsentiert uns, ok?
– Dann wären alle Richtlinien erfüllt.
– Und dann könnte man eine intellektuelle, performative, sehr formale Form finden, in die sich unsere Geschichte einpassen lässt, so könnte man eventuell die Klischees brechen und allen ins Gesicht schreien: Hier, hier, hier, scheiß auf feminines Pathos!
– Aber …
– Unsere Geschichte ist leider nicht so.
– Sie ist, wie sie halt ist.
– Mann, wir haben es versaut.
– Ja.
– Es sollte doch ein ganz andrer Einstieg werden.
– Verdammt.
– Genau so sollte es doch nicht werden.
– Aber was soll ich machen?
– Es geht nicht anders. Basta.
– Doch, es geht anders.
– Nein.
– Okay, das ist jetzt peinlich. Hört auf.
– Es geht nicht anders. Ich will, dass ihr mir Recht gebt.
– Lass es!
– Na ja, es geht sicher anders.
– Nein, verdammt. Was soll diese Rechtfertigungsdebatte? Du bist, wer du bist, und ich bin, wer ich bin,

und wir sind, wer wir sind, und wir erzählen sie, wie wir sie erzählen müssen.
– Melodramatisch.
– Pathetisch.
– Kitschig.
– Ja, kitschig. Von mir aus.
– Und ist das dann trotzdem eine Kunstform?
– Sorry, aber ich hab neulich in einer Ausstellung dreizehn Polaroids gesehen, darauf waren dreizehn verschiedene Schamhaare abgebildet, auf jedem einzelnen Bild ein einzelnes Schamhaar, und es hieß: »All my lovers«. Also …
– Hallo, wir schweifen ab, das ist euch schon klar, oder?
– Wer sagt mir, was eine angemessene Kunstform ist für meine Geschichte?
– Aber die Frage müssen wir doch klären, das mit der Form …
– Ich meine, wie soll sich Melodramatik und was weiß ich was für Klischees, die wir hier bedienen – wie soll sich das mit Modernität vereinbaren lassen?
– Aber wir wollten doch so formal wie möglich und …
– Ich komme nicht mehr hinterher.
– Also gibt es keine *moderne* Form für unsere Geschichte?
– Also keine *moderne* Form für die Liebe?
– Das führt doch zu nichts, Leute …
– Aber wir müssen uns einigen. Auf eine Form.
– Wieso ist das so wichtig?
– Damit es nicht melodramatisch …
– Kitschig.
– Ja, kitschig.

– Wird.
– Aber was ist daran so schlimm?
– Keine Ahnung.
– Das ist einem halt unangenehm.
– Wer sagt das?
– Na, die moderne Kunst.
– Aber ich möchte nicht formal leiden. Ich meine, da will ich mir die Haare raufen und Gläser zerschmeißen, will Nägel kauen und mir Eis auf die Augen legen, weil sie so geschwollen sind, dass ich nicht mehr richtig gucken kann, ich will um mich schlagen und …
– Und? Haben wir jetzt eine Form?
– Aber die Schamhaare …
– Wenn du noch einmal von diesen verdammten Schamhaaren anfängst, reiß ich dir höchstpersönlich welche aus, stelle sie hier zur Schau und nenne es: »Die moderne Kunst ist tot«.
– Und jetzt?
– Jetzt versuchen wir einfach unsere Geschichte zu erzählen.
– Unsere
– Melodramatische
– Pathetische
– Kitschige
– Ja
– Kitschige
– Geschichte.

PROLOG

Dunkel. Dunkel. Dunkel. Autoscheinwerfer durchschneiden die Netzhaut, in der Ferne.

IVY Bitternis in der Mundhöhle. Die Augen brennen, als hätten sie Feuer gefangen. Wo bin ich? Und was ist dieses Wo? Auf dem Boden ein toter Käfer. Ich bedecke ihn mit meiner Handinnenfläche und erweise ihm die letzte Ehre. Ich schmecke Blut auf meiner Zunge.

Wo bin ich? Ich kann mich nicht bewegen. Mein Bein ist eingeklemmt. Über mir der dunkle zornige Himmel und die Wolken, die ihn zudecken, als wäre ihm kalt, dem Himmel. Mir auch. Mir ist auch kalt. Wieso deckt mich keiner zu? Niemand hier? Niemand? Gar niemand? Ist das eine Böschung? In der Ferne erkenne ich eine Lichtung. Neben mir ist eine Birke, eine schöne schmale Birke. Büsche, stachelige trockene Büsche.

Ich höre etwas. Ist da wer? Meine Hände sind voller Erde. Wer hat mich hierher gebracht? Vielleicht bin ich tot, denke ich, als ich versuche, mich auf den Ellenbogen gestützt aufzurichten. Blick. Überblick verschaffen. Zu dunkel.

Es ist eine Landstraße, die Abzweigung führt in den Wald hinein. Ist das ein Wald? Mein linker Schuh liegt direkt neben dem Busch, dem stacheligen. Ein Schuh mit einem hohen Absatz. Wieso trage ich hohe Absätze im Wald? Wieso bin ich im Wald? Wieso blute ich? Wieso bin ich nicht tot?

Ich schaue zur anderen Straßenseite. Es blinkt. Es sind Autolichter. Ich kenne diesen Ort nicht. Ich kenne mich nicht. Ich kenne das Auto nicht, und den Mann nicht, der darin sitzt. Am Steuer. Der den Kopf auf das Steuer gelegt hat, aber ich erkenne die Melodie, die aus dem Auto dringt. Ich erkenne das Lied. Es ist »Gloomy Sunday«. Das hat ein Ungar geschrieben. Auch das weiß ich. Ich weiß nicht, ob ich tot bin oder noch lebe, aber ich weiß, dass »Gloomy Sunday« von einem ungarischen Autodidakten geschrieben wurde, er hieß … er hieß … Es ist überlebenswichtig zu wissen, wie er hieß. Ich muss mich daran erinnern. Ich muss mich … Seress hat er geheißen. Und den Song nennt man auch das ungarische »Lied der Selbstmörder«. Auch das fällt mir ein. Der Mann hinter dem Steuer bewegt sich nicht. Die linke Tür ist offen. Der Beifahrersitz – leer. Ich habe da gesessen, ich weiß es. Auf einmal weiß ich es. Aber irgendwie ist der Gedanke keineswegs tröstlich.

Der Mann bewegt sich nicht. Der vordere Teil der Motorhaube steckt in einer Laterne. Die nicht leuchtet, die gar nicht leuchtet. Der Mann, den ich nicht genau erkennen kann, erscheint mir fremd. Aber ich habe da gesessen, ich habe da gesessen. »Gloomy Sunday« läuft weiter. Es scheint, als wäre es eine Endlosschleife. Plötzlich fällt mir ein, warum es »Lied der Selbstmörder« heißt … Ist das meine Beerdigung, und ich kann selbst dazu ein Lied singen? Aber ich spüre den Schmerz, nach und nach beginnt mein Knie zu pochen, und ich spüre eine Hitzewelle. Ich spüre mich. Ich lebe, da weiß ich es: ich lebe. Noch.

1. TEIL

1.

Ein Wartezimmer. Heiß und stickig. Dario und eine junge Frau.

DARIO Heiß, nicht?
DIE JUNGE FRAU Oh ja, sehr.
DARIO Dass sie keine Ventilatoren …
DIE JUNGE FRAU Ja, schon lästig … Sie warten auf …
DARIO Meine Frau. Es ist ihre Praxis. Sie weiß noch nichts von ihrem Glück. Ich möchte sie zum Essen ausführen.
DIE JUNGE FRAU Sie wird froh sein, mal für ein, zwei Stunden keine Frauenprobleme um sich zu haben.
DARIO Und Sie, sind Sie gleich an der Reihe?
DIE JUNGE FRAU Nein, ich warte nur auf eine Freundin.
DARIO Verstehe, und was machen Sie beruflich, wenn ich fragen darf?
DIE JUNGE FRAU Ich bin Schauspielerin. Oder auf dem Weg dahin.
DARIO Wie aufregend.
DIE JUNGE FRAU Und Sie?
DARIO Ich bin in der Forschung. Archäologie. Vergangene Kulturen. Bin auf Ägypten spezialisiert. Nun, Sie beschäftigen sich mit der Gegenwart, ich mich mit der Vergangenheit. Suchen tun wir wohl das Gleiche.
DIE JUNGE FRAU Und was, glauben Sie, suchen wir?
DARIO Gründe.
DIE JUNGE FRAU Gründe für –?
DARIO Alles.

DIE JUNGE FRAU Das würde ich nicht sagen.

DARIO Sie suchen also nicht nach …

DIE JUNGE FRAU Ich versuche nur die Beschaffenheit der Gründe freizulegen.

DARIO Aber nicht für alles gibt es einen Grund. Das ist manchmal das Enttäuschende an unseren Berufen. Man sucht und sucht, und am Ende steht man mit leeren Händen da. Und zugleich ist das das Befreiende und Wundervolle daran. Manche Dinge unterliegen keinen Gesetzmäßigkeiten, sind nicht erklärbar und verweigern sich jeglichen Gründen. Der Wille, sie zu begreifen, bleibt daher ewig bestehen und verurteilt einen dazu, immer weiterzusuchen.

DIE JUNGE FRAU Wofür gäbe es zum Beispiel keine Gründe?

DARIO Für die Liebe?

DIE JUNGE FRAU Das glaube ich nicht.

DARIO Ich dachte, Sie sind skeptisch, was Gründe betrifft.

DIE JUNGE FRAU Ich bin, wie gesagt, damit beschäftigt, sie freizulegen, und ich kann wohl nichts freilegen, wo nichts ist.

DARIO Aber ist es denn nicht manchmal so?

DIE JUNGE FRAU Ich denke, alles hat seinen Grund, und wenn wir ihn nicht gleich erkennen, so heißt das nicht, dass es ihn nicht gibt. Auch hinter der Tatsache, warum man einen bestimmten Menschen liebt und keinen anderen, liegt ein Grund.

DARIO Der wäre?

DIE JUNGE FRAU Von Fall zu Fall verschieden.

DARIO Und in Ihrem Fall?

DIE JUNGE FRAU Nun, beim Ersten waren es seine Grübchen und der Holzgeruch auf seiner Haut, beim Zweiten war es eine gewisse Bewunderung für sein Talent, das sich später als große Lüge herausstellte, beim Dritten … nun, da war es einfach eine Krankheit.

DARIO Sie hatten Mitleid, weil er krank war?

DIE JUNGE FRAU Nein, im Gegenteil. *Mich* hat es krank gemacht, das Gefühl, nicht von ihm geliebt zu werden, und ich war so lange krank, bis er es tat. Danach war ich wohl geheilt, und somit war es auch mein Gefühl für ihn. Irgendwer hat mal gesagt, mit der Liebe sei es wie mit der Suppe: Die ersten Löffel sind zu heiß, die letzten zu kalt.

DARIO Alphonse Karr war das. Ein französischer Schriftsteller. Mir kommt gerade ein Verdacht …

DIE JUNGE FRAU Ein Verdacht?

DARIO Dass Sie bisher noch nicht wirklich geliebt haben.

DIE JUNGE FRAU Das ist doch anmaßend. Leute, die immer besser und mehr geliebt haben wollen als andere. Haben Sie keine Gründe für die Liebe zu Ihrer Frau?

DARIO Ich kann sicher sagen, dass sie eine kluge Frau ist, eine geduldige, verständnisvolle, sich aufopfernde Frau. Sie hat viele Qualitäten. Ihr Einfühlungsvermögen, ihre Selbstbeherrschung, ihre … Aber das würde nicht ausreichen, um zu erklären, warum ich sie liebe.

DIE JUNGE FRAU Na, das sind doch schon genügend Gründe.

DARIO Genauso gut könnte ich sagen, dass sie manchmal aufbrausend ist, launisch, stur und nachtragend. Dass sie misstrauisch ist, sogar sehr … Genügend Gründe, sie nicht zu lieben.

DIE JUNGE FRAU Aber am Ende überwiegen halt die guten Gründe.

DARIO Bei den alten Ägyptern war der Gott des Jenseits zugleich der Gott der Fruchtbarkeit.

DIE JUNGE FRAU Was wollen Sie damit sagen?

DARIO Ich denke, dass der Grund oft im Widerspruch liegt, wenn überhaupt. Dass das, was Sie mit einer Suppe verglichen haben, ein Capriccio ist, eine Laune – etwas sehr Junges, was Ihnen durchaus zusteht. Aber da höre ich schon meine Frau. Es hat mich gefreut. Ich werde aufmerksam die Theaterplakate studieren.

DIE JUNGE FRAU Ach, das wird noch dauern. Auf Wiedersehen.

2.

In einer Theaterkantine. Es ist spät. Der Rauch hat die Wände zugespachtelt. Dario und eine junge Frau.

DIE JUNGE FRAU Danke für die Rosen, die ganze Garderobe riecht danach. Ich bin wirklich beeindruckt, dass Sie mich gefunden haben.

DARIO So lange hat es nicht gedauert, bis Sie auf den Plakaten aufgetaucht sind. Und ich halte schließlich Wort.

DIE JUNGE FRAU Es ist ja nur eine kleine Rolle …

DARIO Sie waren bezaubernd … Bezaubernd grausam.

DIE JUNGE FRAU Wie geht es Ihrer Frau?

DARIO Vielen Dank.

DIE JUNGE FRAU Und was machen die alten Reiche, all die untergegangenen Dynastien?

DARIO Sie schweigen. Noch immer. Und geben uns weiter Rätsel auf. Ich werde demnächst für drei Monate in der Wüste sein, und wenn ich wiederkomme, sehe ich Sie wohl als Desdemona hier stehen.

DIE JUNGE FRAU Warum ausgerechnet Desdemona?

DARIO Weil es interessant wäre, Sie als die Frau zu sehen, die sich für die Liebe aufopfert.

DIE JUNGE FRAU Wieso? Ich meine, wieso wollen Sie mich unbedingt davon überzeugen, dass ich im Unrecht bin, nur weil ich nicht schmachte, nicht vergehe, nicht krank bin? Ich denke wirklich mit Vergnügen an unsere erste Begegnung zurück, an unser Gespräch, mich amüsieren Ihre Thesen über die Welt. Ja, es schmeichelt mir, dass Sie mich gefunden haben, dass Sie heute hergekommen sind, um einen dreiminütigen Auftritt von mir zu erleben. Aber wieso?

DARIO Ich wollte mich nur auf galante Weise erkundigen, ob Sie nach wie vor geheilt sind.

DIE JUNGE FRAU Ja, das bin ich. Und habe auch vor, es zu bleiben.

DARIO Das freut mich. Ich habe mir extra für Sie ein neues Zitat herausgesucht: Die Liebe ist noch die gesündeste Krankheit.

DIE JUNGE FRAU Da bin ich ja beruhigt, dass ich nicht allein bin.

DARIO Mich interessiert, wie krank ein Mensch werden kann, ohne daran zu sterben, und bei Ihnen habe ich das Gefühl, Sie könnten fiebrig werden, gar ein wenig verrückt, ein wenig euphorisch, und doch würden Sie die Krankheit besiegen, Sie würden ihr nie erliegen.

DIE JUNGE FRAU Ich habe früh die Krankheit erkannt, an der ich erkranken wollte: das hier, dieser Ort, die Bühne. Ich liebe und leide hier, das reicht fürs Erste.

DARIO Ja, vielleicht habe ich mich in Ihnen geirrt.

DIE JUNGE FRAU Und Sie halte ich für einen glücklichen Menschen, mit Ihren Theorien, Gründen, Forschungen – und mit Ihrer Frau.

DARIO Darf ich Sie auf ein Glas Wein einladen?

DIE JUNGE FRAU Hören Sie, ich sag Ihnen jetzt was: Ich komme vom Land. Ich hätte, zusammen mit meinem Bruder, den Hof meiner Eltern übernehmen können. Ich bin eine, die in der Schule von den Mädchen gehasst wurde und mit den Jungs um die Häuser zog, die lieber Knarren als Puppen in ihrem Zimmer liegen hatte. Ich habe hart dafür gekämpft, für diese drei Minuten auf der Bühne. Ich habe für mein Talent hart gearbeitet, ich habe mich für meinen Platz an der Sonne lange abgemüht, und ich werde den Teufel tun und einem Mann glauben, der zwar ein guter Rhetoriker ist, aber den ich in der Praxis seiner Frau kennen gelernt habe.

DARIO Ein zauberhafter Wein, ein junger Jahrgang aus Chile, sehr fruchtig und leicht …

Sie lachen.

3.

Dario und eine junge Frau. Beide sind nackt. Er schreibt auf ihrem Körper. Ihre Beine sind schon vollgeschrieben.

DIE JUNGE FRAU Was tust du? Hör auf damit. Ich muss es eh abwaschen. Was schreibst du? Lass das. Dario!

DARIO Du bist schön. Und ich bin wieder jung und darf albern sein. Außerdem wirst du es vielleicht nie mehr abwaschen müssen.

DIE JUNGE FRAU Hast du wirklich die Reise verschoben?

DARIO Die alten Ägypter können warten, darin sind sie wirklich gut. Jahrhunderte haben sie gewartet, ein paar Wochen mehr werden ihnen auch nichts anhaben. Außerdem kann ich doch deine Premiere nicht verpassen!

DIE JUNGE FRAU Aua!

DARIO Tut mir leid!

DIE JUNGE FRAU Du hast mich gestochen.

DARIO Verzeih. Ich pass auf.

Pause.

DIE JUNGE FRAU Wie lebt es sich in zwei Leben?

DARIO Fang nicht wieder damit an! Bohr nicht nach, sonst steche ich dich gleich nochmal. Es wird alles kommen, nach und nach. Ich lebe keine zwei Leben. Du hast sogar mal gesagt, ich hätte überhaupt keines.

DIE JUNGE FRAU Bist du dir sicher? Bist du dir sicher, dass du es so willst? Dass es so richtig ist …

DARIO Dreh dich um, ich habe keinen Platz mehr. Ich brauche deinen Bauch. Ich zeichne eine Karte, eine Karte vom alten Nil. Da gab es früher einen Tempel, direkt am Ufer, darin sollen alle Liebenden Zuflucht gefunden haben, wenn zornige Ehemänner oder Könige oder Väter hinter ihnen her waren und sie auseinander reißen wollten. In diesen Tempel kam niemand rein, der nicht selbst den Liebesgöttern diente, und so waren die Liebenden in einem Refugium. Jetzt bist du mein Refugium.

DIE JUNGE FRAU Warum gibst du dir solche Mühe? Ich werde duschen, und dann wird alles, was du gezeichnet hast, verschwinden.

DARIO Eben darum. Man sollte nichts tun, vor allem keine Spuren hinterlassen, um sich zu erinnern, man sollte es tun, um zu vergessen.

DIE JUNGE FRAU Aber etwas muss bleiben ... die Gedanken. Wenn sie einmal gedacht sind, kann man sie nicht einfach löschen, aus der Welt schaffen, sie bleiben immer da. Die Spuren. Deine Spuren auf mir, Dario, die machen mir manchmal Angst.

DARIO Ich glaube, wir suchen nur, um uns desto besser verlieren zu können.

DIE JUNGE FRAU Ich will nicht spurlos werden, und verlieren will ich mich auch nicht.

DARIO Es ist schön zu vergessen.

DIE JUNGE FRAU Das sind alles Phrasen. Du bist ein Träumer, Dario. Und ich weiß nicht, ob das gut ist, so viele Träume aufzusaugen, fremde Träume. Ich kann nicht so viel reden, ich verliere mich in zu vielen Worten.

DARIO Gleich brauche ich deine linke Brust. Hier ist auch schon kein Platz mehr.

DIE JUNGE FRAU Warum hast du deine Frau geheiratet?

DARIO Lassen wir das.

DIE JUNGE FRAU Das kitzelt.

DARIO Dann kitzeln wir da schön weiter.

DIE JUNGE FRAU Dario ... Sieh mich an.

DARIO Was?

DIE JUNGE FRAU Sieh mich an, bitte! Ich bin nicht mehr heil.

DARIO Wundervoll. Ich möchte nie wieder gesund werden.

Pause. Sie sehen sich an.

4.

Ein verschneiter Wintertag, der sich in ein weißes Hotelbett gelegt hat. Dario und eine junge Frau.

DARIO Es muss aufhören.

DIE JUNGE FRAU Es ist schön ... es ist immer noch schön. Hier zu liegen. Mit dir.

DARIO Es muss.

DIE JUNGE FRAU Willst du mich verlassen? Das wäre nicht klug von dir.

DARIO Ariane ahnt etwas. Es geht nicht gut. Es wird nicht gut gehen.

DIE JUNGE FRAU Ich würde zu einem deiner Monster werden. Einem dieser toten Monster aus der Unterwelt, denen du mit solcher Hingabe nachspürst. Fühlst du nichts mehr?

DARIO Ich möchte nichts mehr fühlen.

DIE JUNGE FRAU Sind dir die Gründe ausgegangen? Ich werde dich nicht gehen lassen. Ich kann das nicht.

DARIO Es hat nie Gründe gegeben, kapiere das doch.

DIE JUNGE FRAU Schlaf mit mir.

DARIO Sie ist schwanger, verdammt. Seit sieben Jahren will sie ein Kind, seit sieben Jahren versucht sie es, und ... Hörst du mir überhaupt zu?

DIE JUNGE FRAU Dann erbarme dich wenigstens und tue mir noch einen letzten Gefallen.

DARIO Ich tue dir keinen Gefallen. Das habe ich nie getan.

DIE JUNGE FRAU Ja. Sicher. Schwanger. Das ist so absurd, so absurd. *Sie lacht.*

DARIO Hör auf! Du bist verachtenswert, wenn du so bist, so ... Was ist daran so lustig? Das wollte sie, seit wir zusammen sind, dieses Kind, das wollte sie mehr als alles andere …

DIE JUNGE FRAU Wohin gehst du, wenn du gehst?

DARIO Zu mir. Zurück. Ich muss wieder klar werden. Die letzten Monate war ich nicht mehr ich selbst, ich kann so nicht …

DIE JUNGE FRAU Du bist aber hier. Bei mir.

DARIO Warum hörst du nicht auf? Warum merkst du nicht, dass es nicht mehr geht? Warum willst du all das nicht mehr, was dich so ausgezeichnet hat? Warum lebst du nicht mehr, warum existierst du nur zwischen den Stunden, in denen ich anrufe, und den Stunden, in denen wir herkommen … Ich habe sie so bewundert, deine Unabhängigkeit, dein Talent, deine Gier … Warum bist du nicht mehr du?

DIE JUNGE FRAU Du warst derjenige, der kam und nicht mehr gehen wollte. Du hast mich unbedingt anstecken wollen. Und jetzt sind wir hier und du sagst mir, dass sie schwanger ist. Ich finde das zum Brüllen komisch.

DARIO Dein Pathos kotzt mich an. Ich gehe. Ich gehe jetzt, und dann gehe ich wirklich.

DIE JUNGE FRAU *Dein* Pathos kotzt mich an. Schlaf mit mir.

DARIO Das wäre verlogen. Ich habe es mir nicht gewünscht, dass du mir begegnest, dass du mein Leben umkrempelst und *das* daraus machst, das hier.

DIE JUNGE FRAU Du hattest kein Leben, du undankbares Arschloch. Dafür hast du dich zu sehr mit den Toten beschäftigt. Und dann, nach einiger Zeit, hast du danach gegiert, all deine angestauten Sehnsüchte, all deine verseuchten Träume, deine Gier an jemandem auszulassen, es war nur zufällig ich …

DARIO Okay, okay, da wären wir also wieder. Wir haben uns durchschaut, ab jetzt wird es nur langweilig und ordinär. Deshalb muss es aufhören.
DIE JUNGE FRAU Ich lasse nicht zu, dass du mich überrollst. Einfach so.
DARIO Rede keinen Blödsinn.

Er küsst sie.

5.

Dario und eine junge Frau. In einer leeren, müden, kleinen Wohnung. Es läuft »Gloomy Sunday«.

DIE JUNGE FRAU Ich werde zum Arzt gehen.
DARIO Du hättest es mir sagen müssen.
DIE JUNGE FRAU Ich brauche dein Geld nicht.
DARIO Ich kann für dich da sein, in der Zeit, während du …
DIE JUNGE FRAU Schon okay.
DARIO Wieso hast du es mir so lange verschwiegen?
DIE JUNGE FRAU Ich wollte nicht deine Freude auf dein eheliches Kind trüben. Zwei Kinder auf einmal, das wäre zu viel gewesen. Definitiv zu viel.
DARIO Sei nicht zynisch. Ich habe es nicht ahnen können.
DIE JUNGE FRAU Ich muss spielen. Ich muss das Angebot annehmen. Ich ziehe weg von hier. Dann habe ich meine Ruhe, und du hast deine, endlich. Deine Ägypter warten, deine Frau wartet. Ich habe in deinem Leben zu viele Verzögerungen verursacht. Und du? Du hast mir eine Gabe geschenkt. Dafür danke ich dir. Ja. Die Gabe, mich selbst zu

hassen. Überhaupt zu hassen. Ich habe vorher nicht gewusst, dass dieses Gefühl so stark sein kann.

DARIO Bitte, hör auf.

DIE JUNGE FRAU Ich höre auf. Ja, das werde ich.

DARIO Ich denke wirklich, dass du das Angebot annehmen solltest, wenn, na ja, wenn das alles … vorbei ist. Eine gewisse Zeit, die wir uns nicht sehen, wird uns gut tun.

DIE JUNGE FRAU Und jetzt sollten wir tanzen. Das ist wirklich ein wundervolles Lied. Der Mensch, der es schrieb, war krank. Sehr krank, Dario. Ich weiß gar nicht, was mit ihm passiert ist, nachdem dieses Lied zum ersten Mal gesungen wurde. Und ich weiß auch nicht, ob ich es wissen will. Ich muss mich selbst loswerden, so wie ich jetzt bin, all die Launen und Gefühle und diese Panik, ohne dich nicht weiter zu können.

DARIO Sei nicht so fatalistisch. Wir schaffen das. Ich bin ja da, und du wirst deinen Weg machen, du wirst spielen, wirst Menschen treffen, die …

DIE JUNGE FRAU Menschen? Ja. Menschen. Die Welt übergibt sich und spuckt meine Asche aus, und mir bleibt nichts als meine eigene Urne. Wer wird ihn noch wollen, diesen tragischen Gegenstand? Mich und die toten Träume? Was bleibt von uns übrig, Dario, wenn die Welt uns einmal verdaut hat? Es bleibt nur zu hoffen, dass ich dir als Knochen im Hals stecken bleibe. Wenigstens das.

DARIO Wir bleiben dieser scheiß Welt im Hals stecken, das verspreche ich dir.

DIE JUNGE FRAU Nicht wir, Dario, nicht wir.

6.

Ein Untersuchungszimmer. Ein heißer Tag, der nach Regen dürstet. Ariane, die schwanger ist, und eine junge Frau.

ARIANE Heiß, nicht? Die Ventilatoren helfen auch nicht mehr.

DIE JUNGE FRAU Es ist merkwürdig, den ganzen Sommer über war es kühl, und auf einmal … Wird es wehtun?

ARIANE Vorerst müssen wir reden.

DIE JUNGE FRAU *zeigt auf Arianes Bauch* Wird es ein Junge oder ein Mädchen?

ARIANE Das wissen wir noch nicht.

DIE JUNGE FRAU Und ist Ihr Mann froh, ich meine, freut er sich, dass …

ARIANE Sicher, sicher freut er sich. Hören Sie …

DIE JUNGE FRAU Ich bin bereit. Ich muss nicht überlegen.

ARIANE Den Eingriff werde nicht ich vornehmen, wenn Sie verstehen, in Anbetracht der besonderen Umstände wird das eine Kollegin …

DIE JUNGE FRAU Nein, bitte, nein. Ich wurde zu Ihnen geschickt, man hat mir gesagt, Sie würden einem das Gefühl geben, dass es okay ist, Sie würden einem nicht die Leviten lesen, bei Ihnen würde es nicht … wehtun.

ARIANE Hören Sie …

DIE JUNGE FRAU Bitte. Ich war schon bei zwei anderen Frauenärzten. Ich kann nicht noch länger warten.

ARIANE Ich kann nicht. Sie müssen verstehen, ich bin ab nächster Woche in Mutterschutz.

DIE JUNGE FRAU Bitte. Bitte. Ich bin am Arsch. Der Mann, also der Vater des … Er ist verheiratet. Er will das Baby nicht. Ich bin in der Ausbildung, meine Zukunft hängt davon ab.

ARIANE Ich verstehe Ihre Lage, und ich bin die Letzte, die Ihnen sagen wird, was Sie zu tun und zu lassen haben. Ich verstehe Sie. Sie sind noch jung, das kommt oft vor, glauben Sie mir, ich weiß, wovon ich spreche. Aber ich kann den Eingriff nicht vornehmen.

DIE JUNGE FRAU Ich vertraue Ihnen. Es wird schon nichts schiefgehen. Ich flehe Sie an!

ARIANE Meine Kollegin ist auch sehr erfahren.

DIE JUNGE FRAU Ich habe nie gedacht, dass mir das passieren könnte, ich habe nie geglaubt, dass ich mal zu der Sorte gehören würde, die sich über Bord schmeißt bei dem Erstbesten, der daher gelaufen kommt, die sich einfach aufgibt, auflöst. In einem Jahr werde ich meine Ausbildung abgeschlossen haben und werde spielen, ich bin Schauspielerin, wissen Sie, das wollte ich schon immer sein. Mehr als alles andere habe ich mir das gewünscht. Alle sagten, das sei absurd, nicht machbar, ich sei dafür nicht geschaffen, ich solle einen seriösen Beruf ergreifen, es meinen Eltern gleich tun und Landwirtin werden, aber diese Hölle wollte ich nie. Das Leben, das Leben hat doch so viel zu bieten, so viel mehr als den Kuhstall ausmisten und Eier aufsammeln. Ich wollte nicht mit rauen Händen und Sonnenflecken im Gesicht ins Bett gehen und zu Gott beten, dass mich das aufkommende Gewitter verschonen möge, mich und meinen Sellerie. Ich wollte selbst bestimmen, wie mein Glück zu schmecken hat.

ARIANE Ich werde Ihren Wunsch, abzutreiben, akzeptieren, aber … Weiß der Vater des Kindes davon? Verzeihen Sie die Frage, Sie müssen nicht antworten, wenn Sie nicht …

DIE JUNGE FRAU Er weiß es. Er will das Kind nicht. Er hat eine Frau, sie … Und natürlich soll es auch so bleiben.

ARIANE Das tut mir leid.

DIE JUNGE FRAU Muss es nicht. Sie wissen ja schließlich, dass Ihr Mann Sie liebt und dass er das Kind will.

ARIANE Warum ich?

DIE JUNGE FRAU Wie bitte?

ARIANE Warum wollen Sie unbedingt, dass ich …

DIE JUNGE FRAU Weil Sie glücklich sind. Wie soll das Kind heißen?

ARIANE Wenn es ein Junge wird, Rezso. Beim Mädchennamen sind wir uns noch nicht einig.

DIE JUNGE FRAU Ein interessanter Name.

ARIANE Ungarisch. So hieß ein ungarischer Komponist. Mein Mann ist ein großer Bewunderer von ihm.

DIE JUNGE FRAU Also, bis morgen?

7.

Ariane und die junge Frau. In der selben Wohnung wie in den Szenen zuvor.

ARIANE Ich habe Ihnen Obst mitgebracht. Das sollten Sie essen. Und die Vorhänge sollten Sie aufziehen, es ist zu düster hier.

DIE JUNGE FRAU Warum tun Sie das? Warum besuchen Sie mich? Warum bemuttern Sie mich? Warum bringen Sie mir diese bescheuerten Äpfel? Sie sollten sich schonen. Sie sollten Ihre Freizeit mit Ihrer Familie verbringen, mit Ihrem Mann, mit …

ARIANE Das werde ich, keine Sorge. Wir verbringen genug Zeit miteinander. Außerdem hat er gerade viel zu tun.

DIE JUNGE FRAU Wie ist er so? Ihr Mann?

ARIANE Er ist ein interessanter und interessierter Mensch. Er liebt seine Arbeit, er liebt unser Zuhause, er liebt Ausflüge in die Berge, das haben wir früher oft gemacht. Er interessiert sich für alte Sprachen. Und er liebt alte Lieder, wir haben sogar ein Grammophon zu Hause. Wir reden viel, aber wir sind nicht perfekt. Wir haben auch so unsere Probleme. Aber vielleicht haben Sie Recht und wir sollten es mehr zu schätzen wissen, dass wir einander haben.

DIE JUNGE FRAU Und was verabscheut er?

ARIANE Oh, was er verabscheut? Pläne, Klärungen. Dinge, die keine Geheimnise mehr in sich tragen. Auberginen. Heizstrahler. Wollsocken, die kratzen. Dunkles Bier. Lügen.

DIE JUNGE FRAU Lügen.

ARIANE Ja. Hier, trinken Sie das.

DIE JUNGE FRAU Sie sollten nicht hier sein.

ARIANE Das macht nichts. Das macht mir nichts aus. Ich bin gern hier.

DIE JUNGE FRAU Sie sollten trotzdem nicht.

ARIANE Wissen Sie, seit neun Jahren bin ich verheiratet, und seit sieben Jahren wünschen wir uns ein Kind, vor allem ich wollte eines. Ich bin keine zwanzig mehr und weiß sehr genau um die Tücken der Biologie. Nun, es hat nicht geklappt, ohne dass es einen Grund gegeben hätte, zumindest keinen physischen, wir waren beide gesund und es hätte klappen müssen, aber so war es nun mal. Wir haben alles Mögliche versucht. Es klingt komisch, ich weiß, das klingt nicht nach etwas, was eine Ärztin sagen sollte, vor allem keine Frauenärztin, aber an dem Tag, als ich Sie das erste Mal in meiner Praxis sah – Sie haben im Wartezimmer gesessen und auf jemanden gewartet, ich erinnere mich noch genau, weil das ein besonderer Tag war –, da kam mein Mann mich abholen, er wollte mich überraschen, ich kam raus und Sie saßen im Wartezimmer, ich erinnere mich, ich erinnere mich an Ihr Gesicht, Gott weiß warum, und in dieser Nacht … nun ja, da habe ich mein Kind empfangen. Als ich erfuhr, dass ich schwanger war, da, da sah ich Ihr Gesicht vor mir. Das klingt verrückt, ich weiß. Sie sind einfach nur da gewesen und doch …

Ich bin Ärztin, ich glaube an Selbstbestimmung, aber aus irgendeinem Grund ging mir Ihr Gesicht nicht aus dem Kopf. Und als ich Sie wiedersah, Monate später, in meiner Praxis, da verwirrte es mich, es verunsicherte mich, keine Ahnung, warum. Ich wollte Sie in den Arm nehmen, Ihnen erklären, dass ich froh war, Sie zu sehen, aber dann sagten Sie: »Ich will, dass Sie den Eingriff vornehmen«, und ich wusste, Ihnen werde ich es nicht abschlagen können. So etwas ist mir noch nie passiert, ich wusste, ich sollte keine OPs mehr vornehmen … aber ich wusste auch, ich würde das in Ihrem Fall nicht gelten lassen. Ich hätte es nicht tun dürfen.

8.

Im Wald.

IVY Ich denke an den Hauseingang von Darios alter Wohnung, ich weiß nicht, in welcher Stadt, es ist ein altes Treppenhaus, auf dem Marmorboden steht SALVE. Man geht die breiten Treppen mit den Mosaikverzierungen hoch, ich weiß, dass Dario eine Frau hatte, die Ariane hieß. Ich weiß, dass Ariane volle Lippen hatte, die zum Küssen provozierten ... Ich weiß, dass der Himmel violett war, an dem Tag, nur nicht an welchem Tag, violett und grün, ja grün. Und ich weiß, dass Dario in seinem Arbeitszimmer Hanteln hatte. Aber am meisten, am deutlichsten erinnere ich mich an das Treppenhaus. Ich habe dort viele Stunden verbracht – im Hauseingang, vor dem Hauseingang, hinter dem Hauseingang, der mich willkommen hieß und mir zugleich den Zutritt verwehrte.

Ich weiß, dass meine Mutter mir Milch mit Honig zu trinken gab, als ich jung war, sehr jung, damit ich einen gesunden Teint hätte. Ich weiß, dass mein Vater Bierdeckel sammelte und daraus kleine Kunstwerke baute. Ich weiß, dass der Ort, wo ich geboren wurde, karg und wortlos war. Ich weiß, dass Dario Kalbsfilet in Weißweinsauce kochte und es sehr gern tat. Ich weiß, dass ich Katzen hatte. Dass mein Lieblingskater Tripolis hieß. Ich weiß inzwischen sogar wieder, dass der Komponist von »Gloomy Sunday« mit Vornamen Rezso hieß. Ich weiß, dass ich ein Rückenleiden habe, ich weiß, dass ich manchmal nackt durch die Wohnung getanzt bin, mit einer Flasche in der Hand, und Wein

verschüttet habe. Dass ich meist allein schlief, in einem Bett mit weißen Bezügen, nur weißen.
Ich erinnere mich, dass ein Mann mir gesagt hat, ich sei ein Monolith, schwer und schwarz, ich weiß nicht mehr, wer es war. Ich erinnere mich an eine Sticknadel, ich kann sticken, denke ich. Ich erinnere mich an Ornamente, die ich in Ärmel und Schulterpartien stickte, kleine Verzierungen, mit Buchstaben, die alle einer alten Schrift entstammen, ich weiß nicht, welcher.
Ich möchte schreien, ich möchte, dass dieses Lied aufhört, ich möchte, dass der Mann hinter dem Lenkrad aufwacht und mich raus holt aus dieser Hölle, dass dieses Blut von meinem Gesicht abgewaschen wird und dass ich mein Bein wieder spüren kann, ich möchte, dass er mir sagt, wer ich bin. Warum wir hier sind, was ich in dieser Dunkelheit gesucht habe, an seiner Seite. Ich weiß, dass er blaue Augen hat, so blau wie die Tränen eines Nilpferds aus dem Buch, aus dem man mir als Kind vorgelesen hat, mit den schönen Zeichnungen darin.
Ich erinnere mich an meine Wohnung, es riecht dort nach Kaffee, nach Staub, nach vielen Büchern, nach Menschen, die mich verlassen haben, die ich verlassen habe, nach Wein, nach alten Kleidern, nach Marzipan, nach Rauch, nach mir ... Ich erinnere mich an Darios Pantoffeln und daran, dass er mir manchmal Rosen geschenkt hat. Obwohl ich Rosen hasse. Aber ich weiß nicht, wer Dario ist, wer ich bin, wenn ich nicht hier bin. Ich weiß nicht, ob ich noch etwas empfinden kann, ob es sich noch lohnt, ums Überleben, um eine Flucht aus dieser Hölle zu kämpfen.

9.

Irgendwo. Ort und Zeit spielen keine Rolle mehr, die Zeit ist um. Dario und eine junge Frau.

DARIO Hör auf damit. Es ist genug Zeit vergangen. Hör auf, mir nachzuspionieren, hör auf, mir aufzulauern, hör auf, vor meinem Haus zu warten, hör auf, bei meiner Arbeit aufzukreuzen, hör auf, dich zu demütigen.

DIE JUNGE FRAU Ich schaffe es nicht, ich schaffe es nicht. Bitte, komm zurück. Bitte, komm. Manchmal, auch das würde reichen. Ab und zu. Mehr will ich nicht. Nur für ein paar Stunden, das ist doch nicht zu viel verlangt, das ist doch nicht so schwer.

DARIO Das bringt doch nichts. Das weißt du selber. Du wirst dich damit nicht begnügen. Nach ein paar Stunden wirst du mehr wollen, ganze Tage und Nächte wirst du wollen. Du liebst mich nicht, es ist nur deine Angst.

DIE JUNGE FRAU Wieso kannst du das? Wieso kannst du mich anschauen und nichts empfinden dabei, nicht einmal Mitleid?

DARIO Dinge ändern sich, wieso willst du das nicht verstehen? Du bist auch nicht mehr dieselbe, nur willst du es dir nicht eingestehen. Ich habe dich nicht belogen. Wir hatten eine gute Zeit. Aber Dinge sind anders, ich habe jetzt einen Sohn, ich trage mehr Verantwortung, außerdem bin ich gerade mit einer sehr intensiven Recherche befasst, und wenn die Finanzierung steht, bin ich für ein Jahr weg.

DIE JUNGE FRAU Triffst du dich mit jemandem?

DARIO Bitte lass das.

DIE JUNGE FRAU Du warst niemals krank, Dario.

DARIO Mein Gott, das ist vorbei, das ist ewig her, das waren doch nur Worte. Du bist noch so jung, du hast alles vor dir. Du hast dieses Theater nicht nötig. Diese Belästigungen.

DIE JUNGE FRAU Warum wolltest du unbedingt, dass ich auf dich eingehe.

DARIO Es war eine tolle Zeit, und ich möchte sie nicht missen, ich wollte spüren, aber du wusstest um mich Bescheid, um meine Familie, um meine …

DIE JUNGE FRAU Und was, dachtest du, wollte *ich*?

DARIO Menschen können sich zwar anstecken, einander heilen aber können sie nicht. So einfach ist das. Das muss man schon selber tun. Wenn du unbedingt im Bild bleiben willst.

DIE JUNGE FRAU Was wird aus mir? Wenn du nicht zurückkommst, nie, nie mehr? Wenn du nicht mal ein bisschen zurückkommst?

DARIO Du wirst zu dir zurück finden, du wirst mich vergessen, und alles wird wieder gut.

DIE JUNGE FRAU Und was, wenn nicht?

DARIO Das gibt es nicht.

DIE JUNGE FRAU Und wenn doch? Wenn du dich irrst? Wenn es doch nicht nur Worte sind? Was, wenn ich jeden Morgen meines Lebens mit dem Wissen aufwache, dass ich ein Krüppel bin, dass du mich dazu gemacht hast und ich nie wieder glauben kann, nicht an mich, nicht an die Welt? Was, wenn wir einander gerade in diesem Moment unsere Zukunft rauben? Was, wenn wir tief im Innern doch nicht geheilt werden wollen?

DARIO Wir sind doch keine Kinder, willkürlich und naiv … So läuft das nicht, es ist doch illusorisch, es ist albern, zu glauben, jeder Tag bringe ein neues Gefühl hervor, an dem wir uns berauschen, ein dionysisches Fest feiern könnten! Das funktioniert nicht. Es wird schon alles seinen Gang gehen, streng dich ein wenig an. Ich muss jetzt wirklich …

DIE JUNGE FRAU Worte haben eine beschissene Eigenschaft: Sie fangen irgendwann an, wahr zu werden …

10.

Nach einer Vorstellung. In einem verrauchten Theaterraum. Ariane wartet mit Blumen in der Hand. Die Frau, die nicht mehr so jung ist, kommt herein.

DIE JUNGE FRAU Was machen Sie denn hier?

ARIANE Ich war in der Vorstellung. Ich bin sehr ergriffen, mir fehlen die Worte.

DIE JUNGE FRAU Es ist lange her …

ARIANE Fast drei Jahre.

DIE JUNGE FRAU Wie geht's Ihrem Kind? Was ist es denn nun geworden?

ARIANE Ein Junge. Ein Junge, der mittlerweile sehr viele Fragen stellt, der alles in der Wohnung kaputt macht und seine Finger allzu gern in Steckdosen steckt.

DIE JUNGE FRAU Ich hoffe, auch Ihrem Mann geht es gut.

ARIANE Ja, danke. Aber Sie waren so fabelhaft, ich hatte richtig Gänsehaut, so glaubhaft war es. Für eine Weile habe ich ganz vergessen, in einem Theater zu sitzen.

DIE JUNGE FRAU Das freut mich. Möchten Sie etwas trinken?

ARIANE Nur wenn ich Sie nicht abhalte, ich wollte Ihnen auch nur kurz die Blumen geben und …

DIE JUNGE FRAU Danke.

ARIANE Ich bin Ihre größte Bewunderin, von jetzt an. Warum haben Sie mir nie gesagt, dass Sie so großartig sind? Ich hatte von dem Stück in der Zeitung gelesen, und da entdeckte ich Ihren Namen und …

DIE JUNGE FRAU Rotwein oder Weißwein?

ARIANE Ich nehme gerne Rot. Sie sind ja groß im Kommen. Ich habe schon gelesen, dass Sie demnächst die Hauptrolle spielen.

DIE JUNGE FRAU Ja, langsam traut man mir zu, länger als fünf Minuten auf der Bühne zu bestehen.

ARIANE Sie sehen gut aus. Wirklich gut. Und ich bin sehr froh, dass Sie anscheinend wieder …

DIE JUNGE FRAU Warum sind Sie hier?

ARIANE Wie meinen Sie das?

DIE JUNGE FRAU All die Besuche, all die Telefonate und besorgten Kärtchen, Wochen nach dem … Sie haben es gewusst, nicht wahr? All die Zeit über haben Sie es gewusst.

ARIANE Wovon sprechen Sie?

DIE JUNGE FRAU Kommen Sie. Ich hab nichts gegen Sie. Sie haben ja weiter nichts zu befürchten, Sie müssen mich nicht mehr kontrollieren und überwachen, brauchen mir keine Genesungskarten und Blumen mehr zu schicken, müssen nicht mehr anrufen und fragen, wie es mir geht. Dieses ganze Theater. Als ich wieder zu Ihnen kam, da wollte ich Sie sehen, ich wollte wissen, wie Sie sind, ich wollte Sie hassen, wollte wissen, wieso Sie und nicht ich, aber dann … Ich meine, was für eine Frechheit, mir ins Gesicht zu lügen und zu erklären, ich sei die Inspiration für Ihre fruchtbare Nacht gewesen, der Zündstoff für den besten Sex, den Sie mit Ihrem Mann je hatten … Okay, vielleicht erschien

Ihnen mein Besuch auch ein wenig geschmacklos, aber ich wollte doch nur … Also hören Sie, Sie sind mir nicht unsympathisch, ich habe nichts gegen Sie, und nun ja, das alles ist so lange her, ich meine, Sie haben ihn wieder und das Kind haben Sie auch, und sollen Sie doch. Außerdem habe ich es eh immer gehasst, wie er sich beim Essen die Fingerkuppen abgeleckt hat, wie er beim Duschen irgendwelche scheiß Country-Balladen gesungen hat, seine aufklärerische, selbstgefällige Art zu erzählen, und dass er einen am Frühstückstisch nicht mal angesehen hat und die Zeitung über allem stand, seine scheiß Austerngerichte, die in Weißweinsauce, die in Pilzsauce, die in à-la-keine-Ahnung-was-Sauce. Seine Extravaganzen, die er sich nur leistet, weil er der Meinung ist, dass es zu Männern, wie er einer sein will, passt, sie sich zu leisten. Seine beschissenen Pantoffeln aus Wildkatzenleder, oder Gnuleder aus Madagaskar oder aus Timbuktu, von mir aus, ich habe sie gehasst … Was ist los? Geht es Ihnen nicht gut?

ARIANE Entschuldigung. Mir ist ein wenig … Ich muss mich kurz setzen. Es wird schon.

DIE JUNGE FRAU Ja, ich weiß, es ist nicht einfach. Ich habe lange gebraucht, wissen Sie. Ich habe fast zwei Jahre wie in Trance verbracht. Ich bin weiß Gott nicht die Zarteste, aber das ganze verdammte Ding hat mein Leben umgekrempelt, ich weiß nicht, warum das alles, ich war wirklich nicht darauf aus, Ehen zu zerstören, oder die Femme fatale zu spielen …

ARIANE Vielleicht könnte ich einen Schluck Wasser …

DIE JUNGE FRAU Was ist denn los?

ARIANE Ich habe es nicht gewusst.

DIE JUNGE FRAU Seien Sie doch bitte endlich mal ehrlich.

ARIANE Ich bin ehrlich. Ich habe davon nichts gewusst. Dann war das Kind …

DIE JUNGE FRAU Aber das kann nicht sein … wieso haben Sie mich dann wochenlang besucht, mir diese Karten geschickt und auf meinen Anrufbeantworter gesprochen, ich meine, Sie haben mich regelrecht verfolgt.

ARIANE War das sein …

DIE JUNGE FRAU Sie haben es wirklich nicht … Oh, mein Gott. Das tut mir leid. Es tut mir furchtbar … es ist mir so peinlich, oh Gott …

ARIANE Es war sein Kind?

DIE JUNGE FRAU Bitte …

ARIANE Also ja. Wie lange?

DIE JUNGE FRAU Es ist vielleicht gerade nicht der richtige Zeitpunkt … Lassen Sie uns …

ARIANE Wie lange?

DIE JUNGE FRAU Ein Jahr. Genau ein Jahr.

ARIANE Wo habt ihr euch kennen gelernt?

DIE JUNGE FRAU Ich glaub's nicht.

ARIANE Wo?

DIE JUNGE FRAU In Ihrer Praxis. Ein bisschen später kam er in meine Aufführung … Wieso lachen Sie? Hören Sie auf. Lachen Sie nicht.

ARIANE An dem Tag, an dem er mich abholte?

DIE JUNGE FRAU Ja. Ich kann es nicht glauben, dass Sie …

ARIANE Ein Jahr.

DIE JUNGE FRAU Mein schlimmstes Jahr.

ARIANE So schlimm kann es ja nicht gewesen sein. Wieso hast du ihn verlassen?

DIE JUNGE FRAU Er tat es. Wegen dem Kind wahrscheinlich. Oder aus gesundheitlichen Gründen …

ARIANE Gesundheitliche Gründe?

DIE JUNGE FRAU Er hatte mich anfangs überzeugen wollen, dass ich zu gesund sei. Er fand, dass man im Leben ein wenig Wahnsinn nötig hat, ein wenig Krankheit, um glücklich zu sein. Ich denke, irgendwann war er geheilt, und ich war krank. Unsere Quarantänezeiten waren wohl nicht deckungsgleich. Er hat doch von … na ja, von Gefühlen immer so gesprochen. Sie kennen ihn …

ARIANE Nein, ich denke nicht.

DIE JUNGE FRAU Kommen Sie, er ist kein häuslicher Familientyp, das müssen Sie doch gewusst haben. Aber lassen wir die Dinge so, wie sie sind.

ARIANE Hat er gesagt, dass du das Kind …

DIE JUNGE FRAU Letztlich war es für uns beide die richtige Entscheidung. Es hätte so viele Konsequenzen gehabt und …

ARIANE Und diese Konsequenzen hat es jetzt nicht?

DIE JUNGE FRAU Ich weiß nicht.

ARIANE Warum ausgerechnet du? Du warst meine Entdeckung, mein Zeichen, mein Drama, an das ich geglaubt habe. All die Jahre habe ich dich als mein persönliches Schicksal angesehen. Jede Nacht lag ich im Bett, hielt Rezso fest, sah ihn voller Glück an und dachte, irgendein verdammtes Schicksal wollte es so, das Leben oder von mir aus Gott.

DIE JUNGE FRAU Ich verstehe nicht ganz.

ARIANE Ich wollte es dir all die Zeit sagen, gleich auf dem Weg, als ich dich heimfuhr, aber ich konnte nicht, ich konnte es nicht … du warst so allein, so traurig, so niedergeschmettert warst du, und ich dachte, das kann ich nicht machen. Dann habe ich versucht, mit dir Kontakt zu halten, die passende Gelegenheit zu finden, aber du wolltest mich nicht sehen, manchmal rief ich dich an, legte wieder auf, in der Nacht, mitten in der Nacht, und all die Zeit über dachte ich daran, dass ich die Lizenz abgeben müsste, dass ich es morgen tun würde, nein, übermorgen …

DIE JUNGE FRAU Was ist passiert?

ARIANE Ich dachte, das sei das Opfer, der Preis, den ich zu zahlen hätte für das, was ich mir so sehr gewünscht hatte, dafür, dass ich Rezso habe. Für Rezso war es das wert, für ihn schien es mir gerechtfertigt.

DIE JUNGE FRAU Was ist schief gelaufen?

ARIANE Dass er mir das nun kaputt macht, dass er mein Schicksal zu einer dummen Banalität verkommen lässt. Ich verliere alles, nur weil Dario Lust hatte, ein wenig ungesund zu sein? Warum, warum um Gottes Willen, wolltest du mich, warum hast du nicht auf mich gehört und bist zu meiner Kollegin …

DIE JUNGE FRAU Das waren doch nur Worte.

ARIANE Nur Worte? Nur Worte? Du wärst fast verblutet.

11.

Im Wald

IVY Ich mache dir keine Vorwürfe, dass du mich dazu gemacht hast, zu diesem Fleck an der Wand, der da ist, seit Jahren, mit dem man leben kann, seit Jahren. Der stört, aber nicht so sehr, dass man was dagegen unternehmen müsste; der keinen großen Schaden anrichtet, kein Wasser, das er durchsickern lässt, nein, einfach ein kleiner, dunkler Fleck.

Du hast dich geirrt, Dario. Das waren keine Worte, niemals waren es nur Worte.
Es fängt an zu regnen. Ich halte meine blutige Nase in den Regen, meine Lippen, ich habe Durst, es erfrischt mich, das Wasser, das der Himmel für mich übrig hat. Der Himmel ist dunkel, verschlossen, verärgert und launisch. Als Endlosschleife wiederholt sich das Lied, und ich hasse diese Zeilen, ich hasse diese Vorahnung, ich weiß, was passiert, ich weiß, was gleich kommen wird, ich weiß, dass die, die das singt, gleich sterben wird, aber ich will nicht sterben. Ich will kein Motiv sein, das nur in Filmen schön anmutet: der Liebe und des Todes. Der Unmöglichkeit. Ich will eine Möglichkeit. Eine Möglichkeit des Ichs, eine Möglichkeit des Lebens, eine Möglichkeit – meine. Ich will Glück ohne Krankheit, ich will Liebe ohne tragisches Ende. Ich will in all den Gesichtern, die ich vor mir sehe, meines erkennen.
Der Junge, ja, er ist jung, denke ich auf einmal, liegt immer noch mit dem Kopf auf das Lenkrad gelehnt und lässt mich hier verrecken. Was hat mich hierher geschleudert, welcher Zusammenprall? Wer hat mich auf diese Seite gebracht, in diesen Graben, eingeklemmt unter einer solch schweren Last, die ich nicht bewegen, die ich nicht einmal identifizieren kann? Ich verzeihe ihm nicht, dass er zugelassen hat, dass er von mir getrennt wurde, bei dem Zusammenstoß, bei dem Knall, bei dem verdammten Urknall, dass er zugelassen hat, dass er von meiner Seite gewichen ist. Ich verzeihe ihm nicht, dass er beschlossen hat, mich allein zu lassen, mit der Unmöglichkeit mich zu finden, mich aus all den zersprengten Einzelteilen zusammenzusetzen.

2. TEIL

1.

Siebzehn Jahre später. Vielleicht hundert Jahre später. In einer Garderobe. Jemand klopft und will in die neue Welt hinein …

REZSO Darf ich?

DIE FRAU Na, wirklich günstig ist es jetzt nicht. Kann ich helfen?

REZSO Ich bin der neue Assistent. Ich wollte nur kurz Hallo sagen und …

DIE FRAU Hallo.

REZSO Hallo, ich heiße Rezso. Mit Z.

DIE FRAU Wie?

REZSO Rezso. Mit Z.

DIE FRAU Hallo.

REZSO Ich betreue die Abendvorstellungen, und ich wollte sagen …

DIE FRAU Schön.

REZSO Ich bin so froh, jeden Abend mit anschauen zu dürfen, wie Sie Menschen zum Weinen oder Lachen bringen.

DIE FRAU Kann ich sonst noch was für dich tun?

REZSO Ich wollte Ihnen meine Dienste anbieten. Es wäre mir ein großes Vergnügen, Sie nach den Vorstellungen nach Hause fahren zu dürfen. Wissen Sie, ich möchte mich nächstes Jahr auch für die Schauspielschule bewerben, und es ist eine große Ehre, das Jahr über hier sein zu dürfen, wo ich so viel von Ihnen lernen kann.

DIE FRAU Das bezweifele ich, Schätzchen. Aber gut, lassen wir das.

REZSO Ich habe gehört, dass Sie gern Espresso trinken, ich mache sehr guten. Meine Mutter liebt Espresso, und ich bin wirklich ein Spezialist. Sie müssen mir nur sagen, wie stark Sie ihn gern hätten, dann …

DIE FRAU Ich wusste nicht, dass das Theater mir einen persönlichen Assistenten an die Seite stellt. Schön, schön. Ich nehme einen ganz normalen Espresso, mir egal, wie stark. Noch was?

REZSO Ich bin wirklich ein großer Fan …

DIE FRAU Ja, das habe ich kapiert. Ich muss mich umziehen.

REZSO Oh ja, natürlich, tut mir leid, dass ich Sie aufgehalten habe.

DIE FRAU Kannst mich ruhig duzen – und aufhören so zu sprechen, als seiest du an irgendeinem bescheuerten Königshof.

REZSO Ich bin aber wirklich …

DIE FRAU Okay, dann …

REZSO Okay.

DIE FRAU Na, dann …

REZSO Dann …

DIE FRAU Bis dann.

REZSO Eine schöne Vorstellung.

DIE FRAU Ja, werden wir haben.

REZSO Toi, toi, toi.

DIE FRAU Ist ja keine Premiere.

REZSO Oh, tut mir leid … Na, trotzdem.

DIE FRAU Machst du bitte die Tür hinter dir zu?

REZSO Oh ja, hab gesehen, sie klemmt. Soll ich sie reparieren?

DIE FRAU Ein andermal.

REZSO Natürlich.

DIE FRAU Okay.

REZSO Auf Wiedersehen.
DIE FRAU Ja, ja.
REZSO Na, dann.
DIE FRAU Jaaa.

2.

Nach der Vorstellung. Es ist kalt geworden. Die Frau sitzt am Schminktisch und trinkt Wein aus der Flasche. Es klopft.

DIE FRAU Ja, verdammt, kann ich nicht mal eine Viertelstunde meine Ruhe haben?
REZSO Tut mir leid, ich wollte nur sagen, dass die Vormittagsprobe ausfällt.
DIE FRAU Das interessiert mich momentan herzlich wenig.
REZSO Alles in Ordnung? Du warst großartig heute. Die sind aufgestanden, als du raus bist, zum Applaus, und haben getrampelt. Du warst heute so …
DIE FRAU Hol mir eine Flasche Rotwein, und unterwegs kannst du gleich dem Pförtner ausrichten, dass er nie wieder irgendwelche Blumen annehmen soll, vor allem keine beschissenen Rosen, vor allem nicht von einem Typen mit Brille und bescheuerter Frisur, und er soll dem ausrichten, dass ich hier nicht mehr arbeite, dass ich nach Kasachstan ausgewandert bin oder auf den Mars, und er soll seine verfickten Rosen seiner verfickten Frau oder seiner verfickten Tochter schenken oder am besten sich selber, und er soll ihm auch sagen, dass er aussieht wie ein Lemming, wenn er versucht sexy zu

sein, und dass ich es satt habe, irgendwelche perspektivlosen beschissenen hirnentleerten Schlappschwänze um mich zu haben, die meine glamouröse Art auf der Bühne bewundern und mir die Füße lecken wollen, um am Ende doch zu ihren Hausfrauchen zu eilen, weil die besser im Marillenmarmelade-Zubereiten sind, und er soll ihm sagen, dass er sich hier am besten nie wieder blicken lässt, samt seiner neureichen geschmacklosen Schwanzverlängerung, und dass er ein für alle Mal aufhören soll, sich lächerlich zu machen. Außerdem brauche ich ein bisschen Schokolade.

REZSO Okay. Wenn du willst, werde ich ihn mir schnappen, ich werde ihn entführen, ihn mit Tesafilm an einen Stuhl kleben, ihm eine Karotte in den Mund schieben, seine Hose runterziehen, einen Zettel auf seinen Schwanz kleben, worauf steht: »Ich bin ein Schlaffi«, ihn dann fotografieren und das Bild seiner Frau schicken.

DIE FRAU *lacht* Die Karotte ... oh Gott ...

REZSO Wirklich, das mach ich.

DIE FRAU Karotte ...

REZSO Krieg dich wieder ein. Ich kann mit ihm noch perversere Sachen anstellen, du brauchst es mir nur zu sagen ...

DIE FRAU Die Karotte ...

REZSO Ja, verdammt. Ich hab eh nie begriffen, wie du dich auf solch ein Ekelpaket einlassen konntest, das sieht man doch aus hundert Metern Entfernung, dass er keine Ahnung hat ...

DIE FRAU Du magst mich wirklich, was?

REZSO Ich meine, hallo, du bist die erste Frau, die meinen Namen richtig ausspricht.

DIE FRAU Verstehe.

REZSO Und du bist wunderschön.

DIE FRAU Oho.

REZSO Du denkst, ich schleime mich ein, weil ich ... Aber ich bin nicht wie die anderen. Du bist wer Besonderes.

DIE FRAU Magst du einen Schluck Wein? Ich hab leider keine Gläser. Sie sind alle dem Karottenmann zum Opfer gefallen, oder besser gesagt: den Wänden.

REZSO Sehr gern. Ich hasse eh Gläser.

DIE FRAU Klar, jetzt hasst du auch noch Gläser, und gleich kommt, dass du Schauspieler werden willst, seit du mich mit dreizehn das erste Mal gesehen hast, als du von deinem Deutschlehrer dazu verdonnert wurdest, dir irgendwas im Theater anzuschauen.

REZSO Ich wollte Schauspieler werden, als Kind schon wollte ich das, unabhängig von dir, da muss ich dich leider enttäuschen. Meine Eltern nahmen mich oft mit ins Theater. Allerdings nicht in dasselbe. Als sie geschieden wurden, haben sie beschlossen, extrem unterschiedliche Dinge zu mögen. Wenn er auf Weißwein steht, dann sie auf Rotwein; wenn er Ballett mag, dann sie die Oper, und wenn er die italienische Küche liebt, dann sie die asiatische. Zu dir habe ich aber von allein gefunden.

DIE FRAU Na dann, Prost. Vielleicht schaue ich mir mal an, was du dir zum Vorsprechen erarbeitest. Alle reden über dich. Man sagt, du bist ein lustiger Typ.

REZSO Aha, sagt man das.

DIE FRAU Ja, sagt man.

REZSO Und über dich sagt man, du seiest schwierig, hättest ein Divengehabe, seiest prätentiös, und den

Kollegen würdest du immer das Maximum abverlangen. Das liege aber daran, dass du keine Familie hast und dein Privatleben eine Katastrophe sei.

DIE FRAU Aha, das sagt man also.

REZSO Ja, sagt man.

DIE FRAU Nicht alles, was man sagt, ist wahr, das weißt du hoffentlich, mein Lieber?

REZSO Geht es dir jetzt besser?

DIE FRAU Das weiß ich noch nicht. Aber trinken wir doch auf all die Mans und hoffen wir, dass wir nie solche Mans werden, was meinst du?

3.

Immer noch dunkel und kalt. Immer noch allein.

IVY Welche von den Ich-Varianten hätte ich mir ausgesucht, hätte ich die Wahl gehabt? Welches Ich würde mir all das bieten, was ich mir erhofft habe? In welchem Körper, in welchem Geist, in welchem Herzen hätte ich ein Heim für mich gebaut? Wieso erhoffe ich mir, das Glück unabhängig von anderen, und nicht in Relation, nicht im Vergleich zu finden? Ich hätte so gern alle Versprechen vom Leben eingelöst bekommen, alles, was mir das Leben zuflüsterte, als ich auf die Welt kam. Ich weiß, ich erinnere mich, wie es sagte, ich solle lieben und geliebt werden, ich solle so viel Leben bekommen, dass ich daran ersticke, ich weiß, dass es sagte, ich solle in vollen Zügen aus all dem schöpfen, bis ich ertrinke; es sagte, man würde mir Beifall klatschen, man würde mir Halt geben, ich müsse nicht einsame Nächte von meiner Haut abziehen wie einen alten

Boden, es sagte, ich würde bekommen, was mir zustünde, nämlich das Glück, das große, große Glück. Es hat mir versprochen, ich würde ich sein, protzend und provozierend so sehr ich selbst, dass mein Herz – warm und bequem – andere einladen würde, bei ihm zu schlafen, in ihm zu hausen. Man versprach mir doch keinen Waschlappen von Seele, kein zerbombtes Haus von einem Herz? Das kann es doch nicht sein? Es kann doch nicht sein, dass das alles gewesen sein soll? Es kann doch nicht sein, dass all die Bilder Möglichkeiten scheinen und doch keine sind?

Es kann doch nicht sein, dass ich mein Gesicht verliere, nur weil all die Versprechen des Lebens mir seit Abtrennung meiner Nabelschnur einen Streich gespielt haben? Es kann doch nicht sein, dass ich all diese Gesichter in mir hätte tragen können? Dass ich nur existiert habe, beschrieben und definiert immer nur über das Andere, den Anderen, die Anderen?

Ich will mein Ich zurück, meins, meins, meins – das, was ich war, bevor ich hierher kam, bevor ich gemessen und verglichen wurde, bevor ich die Andere wurde? Bevor ich gekoppelt wurde an die Liebe, an die Tragik, an die Emotionen, die vielleicht gar nicht meine waren und sind? Ich will mein Herz zurück – unbefleckt und einmalig.

Ein Leben sollte doch strahlen, am Himmel wie ein Feuerwerk explodieren, es sollte Spuren hinterlassen, Kratzer, ja, auch Wunden, aber vor allem sollte es brennen und leuchten und kreischen und auf sich aufmerksam machen, sich selbst feiern, man sollte doch nicht dafür dankbar sein müssen, dass man atmet?

Ich weiß, es war Dario. Aber welcher Teil von mir hat ihm geantwortet, welcher Teil von mir hat sich darauf eingelassen, und welcher nicht? Welcher Teil von mir hat ihn überlebt, welcher Teil von mir wird jetzt überleben, welcher Teil von mir stirbt jetzt, genau in dieser Sekunde?

4.

Rezso und die Frau liegen in einem Park, im Schnee, überall Feuerwerk, es ist Silvester, die Welt zieht sich ein neues Kleid an. Beide beschriften Luftballons.

REZSO Beeil dich mit dem Foto, sonst erfrieren wir noch. Die Luftballons müssen um punkt Mitternacht in die Luft fliegen.

DIE FRAU Ich klebe nur noch das Foto dran und dann …

REZSO Okay, ich auch.

DIE FRAU Nicht schummeln und nicht gucken.

REZSO Ist ja gut.

DIE FRAU So, ich bin fertig.

REZSO Ich auch.

DIE FRAU 10, 9, 8, 7, 6, 5, 4 …

REZSO 3, 2, 1. Meiner fliegt schneller! Jetzt, jetzt, guck, gleich werden sie von den Raketen zerfetzt!

DIE FRAU Das hat was, so habe ich Silvester noch nie gefeiert: Luftballons in den Himmel steigen lassen, mit Fotos von Menschen, die ich aus meinem Leben, aus meinem Hirn streichen will …

REZSO Und solchen, die du neu willkommen heißt.

DIE FRAU Wer war das auf dem Bild? Verrat's mir, jetzt ist es doch egal. Hab's ja nicht gesehen.

REZSO Und wer war auf deinem?

DIE FRAU Ach, das ist lange her, brauchst dir keine Gedanken zu machen.

REZSO Wenn es lange her wäre, würde kein Bild von ihm auf deinem Ballon kleben.

DIE FRAU Ein ganz normaler feiger verheirateter Mann. Mehr nicht. Er hat mein Leben umgekrempelt, dabei frage ich mich heute, warum mich das so lange beschäftigt hat, danach.

REZSO Du.

DIE FRAU Was?

REZSO Du hattest gefragt, wer auf meinem Ballon klebt. Du.

DIE FRAU Was redest du da?

REZSO Ich will, dass du dich in mich verliebst.

DIE FRAU Weißt du eigentlich, wie alt ich bin?

REZSO Na und? Du bist die verrückteste Frau, die ich je getroffen habe, die traurigste und verzweifeltste, und die mit den meisten Ticks. Du trennst beim Essen rote von andersfarbigen Speisen, du sammelst alte Schallplatten, du spielst so, dass ich nicht mehr Theater gucken will, aus Angst, du könntest nicht mitspielen. Du trinkst Wein und isst Pudding dazu. Du trägst einen uralten Bademantel, der Brandlöcher von Zigaretten hat, so als wäre es ein Brautkleid, und auf deiner linken Wade hast du ein Muttermal, das schutzlos aussieht. Du streitest dich so inbrünstig, dass man unweigerlich auf deiner Seite stehen will, auch wenn du im Unrecht bist. Du lachst, wenn andere weinen, und weinst, wenn andere lachen. Du schläfst mit Männern und lässt mich ihnen am nächsten Tag ausrichten, du seiest verreist, und zwar auf den Mars, und würdest dort wahrscheinlich auch erstmal bleiben, und …

DIE FRAU Bitte hör auf damit.

REZSO Und ich will verdammt noch mal mit auf deinen Mars!

DIE FRAU Ich habe dich gebeten aufzuhören!

REZSO Aufhören? Warum? Ich habe noch nicht mal angefangen, und du wirst mir jetzt bitte nicht weismachen wollen, dass du meine Mutter sein könntest, dass du nicht an diesen romantischen Mist glaubst und ich lieber vernünftig sein soll.

DIE FRAU Ich will so was nie mehr hören. Ich bin durch damit. Du darfst das, du bist jung, du bist du. Ich aber höre mir nicht mehr an, wie toll ich sei, wie wahnsinnig anregend, um am Ende das Gefühl zu haben, dass ich zwar inspirierend bin, aber bitte schön aus der Ferne, ich verbiete dir diesen sentimentalen Mist. Ich glaube nicht an Revolutionen und Herzrasen, ich habe meine Schuldigkeit getan, ich habe mich verschenkt, als Geschenk verpackt, rot, grün, schwarz, rosa, ich habe die ganze Farbpalette des Emotionsregenbogens durch. Ich habe angerufen und stundenlang am Telefon gesessen, ich habe um mich getreten und mich geschlagen gegeben. Ich habe mich um genug Hälse geworfen, ich habe genug geheult und dem Pathos einer unglücklichen Liebe genug Opfer dargebracht, ich habe genug Rituale abgehalten – alleine, huldigend und lobpreisend –, ich habe genug archaische Tänze aufgeführt, um Seelenheil und Ruhe für mich heraufzubeschwören. Ich habe mich für alle möglichen Liebesgötter geschlachtet, für die jungen, die alten, die fremden, die verrückten, die schönen und am Ende doch für die toten. Denn das sind sie, mein Lieber. Sie sind selber nicht ganz glücklich geworden, mit deiner ach so wundervollen Liebe, was

denkst du dir, dass sie sich für dich und mich interessieren?
Ich werde mich für niemanden mehr in Stücke reißen, um mich in wohl portionierten Häppchen an ihn zu verfüttern, damit ich nur ja leicht verdaulich, angenehm und kostbar bin, damit ich bloß niemandem im Hals stecken bleibe. Nein, ich bin dafür, dass man erstickt, und wie ich dafür bin. Sie sollen mich alle auf einmal schlucken müssen, ja, an mir krepieren sollen sie, das ist für mich jetzt die Liebe, mein Lieber, und da ich dich viel zu sehr mag, erspare ich dir das frühzeitige Ersticken an mir, an der Welt, an deinen eigenen Träumen – und werde keine Sekunde lang auf diesen Blödsinn eingehen! Was ist daran so lustig? Hallo, würdest du bitte aufhören damit, Rezso ... Hallo?

REZSO *lacht* Komm, steh auf, sonst erfrieren wir noch, und dann würden uns morgen spielende Kinder finden und für den Rest ihres Lebens ein Trauma davontragen, dann würden sie nie wieder mit einem Mädchen oder einem Jungen *Wünsch dir was* in einem schneebedeckten Park spielen, und das wäre sehr traurig, also, mehr als traurig, und das wollen wir nicht, oder?

DIE FRAU Du hast einen Knall, weißt du das?

5.

Die Frau und Rezso im Bett. Sie setzt sich auf und beginnt sich anzuziehen. Er wacht auf. Lächelt oder eben nicht, irgendwas, was Männer nach dem Sex so machen, außer rauchen oder selig schlafen.

DIE FRAU Ich fasse es nicht.

REZSO Ärgerst du dich über den Sex an sich, oder darüber dass es dir vielleicht doch ein kleines bisschen gefallen hat?

DIE FRAU Bilde dir ja nichts darauf ein, okay? Ich war betrunken, du hast meine Ohnmacht ausgenutzt, und jetzt muss ich mich schon dafür schämen, dass ich mit Männern schlafe, die bedruckte Bettwäsche benutzen, noch dazu mit Fußballmuster.

REZSO Was hast du gegen meine Bettwäsche? Außerdem habe ich gar nichts ausgenutzt.

DIE FRAU Natürlich, ich war müde und schwach, und gelallt habe ich wahrscheinlich auch.

REZSO Ich liebe dich.

DIE FRAU Ich sehe aus wie kurz nach einem Elektroschock.

REZSO Im Badezimmerschrank links oben ist ein Fön.

DIE FRAU Wieso hat ein junger selbstsicherer Macho wie du einen Fön? Ich dachte, du wärst die Sorte Mann, die schon bei einer Seife zusammenzuckt.

REZSO Du bist wunderschön. Du hast Ohrläppchen, so klein wie Igelstachel, spitz und mutig.

DIE FRAU Das bringt doch nichts. Ich meine, ich werde duschen, mich eincremen und dann diese Bruchbude verlassen. Ich werde in mein gewohntes Leben zurückkehren, wir werden uns weiter bei der Arbeit über den Weg laufen, werden uns grüßen und zunicken und höflich sein, übertrieben höflich, aber es wird nie mehr so sein, wie es war. Und das nur, weil du unbedingt meine hängenden Brüste sehen wolltest, und meinen Arsch, der voller Schwangerschaftsstreifen ist, obwohl ich nie ein Kind geboren habe, obwohl es mir nicht mal zusteht, Schwangerschaftsstreifen zu haben. Nur weil ich deinen unverbrauchten Körper gesehen habe, der mich an etwas erinnert hat, woran ich mich nicht erinnern wollte. Und dann wirst du anfangen, das Ganze zu bereuen. Du wirst mir verächtliche Blicke zuwerfen, wirst junge Dinger anbaggern und mich dabei als Rachegedanken im Hinterkopf haben. Du wirst aufstehen und gehen, wenn du mich einen Raum betreten siehst, wirst mir von Ferne zulächeln, aber dein Lächeln wird falsch sein, verlogen, so dass ich Schuldgefühle bekomme, dich dazu gemacht zu haben. Und obwohl wir beide wissen, dass es falsch ist, so zu handeln, so weit voneinander abzurücken, jeden Tag mehr und mehr – es wird nichts ändern, wir werden es nicht aufhalten können. Wir werden so weitermachen, wir werden einander in Vergessenheit geraten, und die einzige Erinnerung, die bleibt, die alles überdauert, wird eine Enttäuschung sein, eine Verfehlung, mit einem Beigeschmack von Trauer, nein, für Trauer wird das Gefühl nicht mal ausreichen, eher Sentimentalität, Melancholie.

REZSO Wovon redest du? Warum sagst du solche Sachen?

DIE FRAU Ich kann nicht zulassen, dass du an mir scheiterst!

REZSO Warum kannst du nicht einfach nichts sagen? Einfach sein? Jetzt, mit mir?

DIE FRAU Weil das Jetzt gleich vorbei sein wird, weil dann all das beginnt, wovon ich vorhin sprach.

REZSO Vielleicht bin ich eine Ausnahme, vielleicht bin ich jemand, der bleibt, vielleicht bin ich jemand, der gar nicht geheilt werden will?

DIE FRAU Was hast du gesagt? Ich muss jetzt gehen.

6.

Eine alte Wohnung. Einladend. Einsam, aber nur ein wenig. Mit einem Geruch von Zimt und heimlichen Zigaretten zu später Stunde.

DIE FRAU Es tut mir leid, dass ich Sie so … mit meinem Anruf.

ARIANE Sie haben sich kaum verändert.

DIE FRAU Danke.

ARIANE Ich habe Ihre Karriere verfolgt, ab und zu habe ich mir was angeschaut. Als Rezso dann Ihr Plakat aufhängte, dachte ich, es bringt nichts, sich dagegen zu wehren. Und es macht ihn glücklich, also sollte es auch mich glücklich machen.

DIE FRAU Sie haben es also gewusst?

ARIANE Warum sind Sie so besorgt?

DIE FRAU Ich glaube nicht, dass es ihm gut tut.

ARIANE Auch Sie haben gewusst, wessen Kind er ist?

DIE FRAU Wie geht's Dario?

ARIANE Ich weiß nicht. Wir sehen uns kaum. Nur an Rezsos Geburtstagen kam er immer her. Er ist jetzt in Rente, und das wurmt ihn. Er wohnt außerhalb, allein.

DIE FRAU Und Ihnen?

ARIANE Mir? Das alles hat für drei Leben gereicht, glauben Sie mir.

DIE FRAU Ich glaube es. Und denke nur, es sollte nicht auch noch ein viertes Leben betreffen. Ich will Rezso nicht versauen, und ich wollte Ihren Beistand, Ihre Hilfe, um ihn zu überreden, an ein anderes Theater zu wechseln.

ARIANE Ich habe jahrelang im Krankenhaus gearbeitet, als Schwester. Wenn ich Nachtschichten hatte, habe ich ihn ins Bett gebracht und ihm gesagt: »Wenn du jetzt die Augen ganz fest zumachst, wenn du an den Schlaf und an die Träume denkst, an alles, was du willst, alles, was du dir wünschst, dann gehen sie in Erfüllung. Solange ich weg bin, musst du dich mit deinen Träumen beschäftigen und an ihnen arbeiten, damit sie wahr werden.« Und wissen Sie, was er mir morgens sagte, wenn ich wieder zurück war und ihn für die Schule weckte: »Mama, der eine wird immer wahr, wenn ich aufwache, aber die anderen, die wollen irgendwie noch nicht.« Und da fragte ich ihn, welcher denn wahr geworden sei, und er: »Na, dass du bald kommst.« Ich habe ihn dann fest gehalten, ganz fest. Da wusste ich, es war richtig so, wie es gekommen ist, alles …

DIE FRAU Ich habe nicht gewollt, dass Sie sich von ihm trennen, und auch nicht, dass Sie den Beruf aufgeben. Was passiert ist, war mein Fehler, Sie hatten mich gewarnt.

ARIANE Ich sehe mich nicht als Opfer. Und das sollten Sie auch nicht. Alles, was kam, ist der Preis, den Sie zahlen, den ich zahle, für Dinge, die ich habe, und die Sie haben. Es ist banal, aber eine Tatsache. Jeder büßt auf seine Art.

DIE FRAU Ich glaube nicht an dieses christliche Zeug. Sie sind doch kein Hiob, der irgendwelche Prüfungen bestehen muss. Ich habe es nie verstanden. Ich meine, der Typ hat alles verloren und es heroisch hingenommen, und am Ende kriegt er eine neue Frau, neue Kinder, ein neues Haus und alles ist wieder gut? Wie soll das gehen? Denkt er nie mehr an seine erste Frau, an seine ersten Kinder, an sein erstes Haus? Ich meine, wer will schon, dass Gott einem die Frau aussucht? Also, hören Sie auf damit, es ist vorbei.

ARIANE Wissen Sie, was ich manchmal denke? Dass wir eigentlich hätten Freunde werden können …

DIE FRAU Freunde?

ARIANE Ja, wieso nicht? Das ist ein schöner Gedanke, oder? Vielleicht ist es nur logisch, dass Sie und Rezso zueinander gefunden haben. Eben weil wir es nicht getan haben, Sie und ich. Denken Sie manchmal, wenn Sie ihn ansehen, dass er auch Ihrer hätte sein können?

DIE FRAU Nein, ich denke gar nichts. Ich denke mir überhaupt nichts, außer dass Sie als Mutter versuchen sollten, es ihm schonend beizubringen. Dass der Umgang mit mir nicht gut ist. Schicken Sie ihn zu seinem Vater, der soll ihm schön alles beichten, dann tut es zwar weh, er weint ein paar Nächte in sein Kissen, aber zumindest bleibt seine Zukunft verschont.

ARIANE Gerade weil ich, wie Sie so schön sagen, Rezsos Zukunft verschonen will, werde ich ihn nicht davon abhalten herauszufinden, wer er ist, wer er werden will, und mit wem.

DIE FRAU Ist Ihnen eigentlich klar, worum Sie mich da bitten? Ich soll mich auf Ihr Kind einlassen?

ARIANE Das haben Sie schon längst getan.

7.

Die Frau und Rezso, in einem dunklen Zimmer. Kerzen brennen und so weiter, auf jeden Fall ist irgendwas Romantisches im Gange.

DIE FRAU Ich fasse es nicht. Wie kann man so was mögen?

REZSO Es ist eine schöne Liebesgeschichte, ich habe nichts gegen Liebesgeschichten.

DIE FRAU Du willst doch nicht ernsthaft Rhett Butler als deine Vorsprechrolle vorbereiten? Da fällst du durch.

REZSO Wieso denn? Warum soll Rhett schlechter sein als jede andere Figur?

DIE FRAU Es ist eine kommerzielle Schnulze.

REZSO Na und? Wenn ich am Ende glücklich den Saal verlasse – was soll dann an einer Schnulze so schlimm sein?

DIE FRAU Weil so etwas im Leben nicht vorkommt, nicht in dieser Form, weil es beschönigt, verschnörkelt, der Realität enthebt und eine Welt vorgaukelt, die es so nicht gibt.

REZSO Na, wenn man dem Leben diese Chance von vornherein nicht gibt, aus Angst, es könnte ein schlechter Geschmack dahinter stehen – dann wird es auch nichts.

DIE FRAU Du bist wirklich naiv. Unglaublich naiv. Ich vermute, du willst es einfach sein. *Pause.* Und warum muss ich unbedingt ein neues Kleid tragen, nur um dich im verkommenen Gefängnis aufzusuchen und dich um Geld zu bitten?

REZSO Weil du stolz bist und ich nicht wissen soll, dass du in großer Not bist, weil du ganz beiläufig fragen willst, so nonchalant: »Hast du ein bisschen Geld?« So in der Art.

DIE FRAU Aber wenn ich schon zu dir ins Gefängnis komme – da ist doch klar, dass ich was von dir will.

REZSO Mann, das ist ein Spiel. Wie immer. Wir spielen Rollen, die wir uns aussuchen, ob freiwillig oder nicht. Und da bleiben wir unser Leben lang drin hängen, es sei denn, eine Scarlett oder ein Rhett kommt des Wegs und befreit uns. Das ist das Tolle an der Geschichte. Wie sie sich andauernd befreien und einander dabei zugleich so sehr im Weg stehen. Das kennt man doch. Also, komm schon, zieh dich um.

Die Frau hüllt sich in einen Stoffvorhang.

DIE FRAU Falls du es immer noch nicht kapiert hast, dann sag ich es dir nochmal: Im Leben läuft es leider ein wenig anders.

REZSO Ich glaube daran, dass ich das Skript zu meinem Leben selber schreiben kann, und wenn man dann beim Dreh ein wenig davon abweicht – ist doch nicht schlimm. Nur so können tolle Geschichten entstehen. Die Abweichungen, die Verwicklungen, die Hindernisse, die Lappalien, die unerwarteten Dinge, all das macht eine richtig gute Geschichte aus.

DIE FRAU Das ist zwar lyrisch und beeindruckend, aber ich muss dich enttäuschen. Das Skript hat man viel zu selten in der Hand. Ganz am Anfang bekommst du es kurz zu Gesicht, es wird dir schmackhaft gemacht, aber dann heißt es: Und jetzt improvisier mal.

REZSO Aber Improvisation ist doch gut? Wer will schon immer nach den Regeln spielen?

DIE FRAU Nein, nein, nein. Improvisation war nie mein Fall. Ich hasse dieses blöde Rumimprovisieren. Das ist so dilettantisch.

REZSO Na und? Alles immer zu können, ist langweilig. Komm schon, ich warte so lange auf dich. Im Gefängnis ist es kalt, voller Ratten, und du solltest jetzt langsam mal deinen schönen Hintern hierher bewegen und mich aufheitern. Damit ich dir sagen kann: »Nimm ein Taschentuch, mein Kind. In den entscheidenden Augenblicken deines Lebens hattest du nie ein Taschentuch.« Und dir dann tief in die Augen schaue.

DIE FRAU Du bist völlig unmöglich.

REZSO Okay, ich mache dir einen Vorschlag. Wir tauschen die Rollen. Gib mir den Vorhang. Du zeigst mir deinen Rhett. Ich bin deine Scarlett.

DIE FRAU Ja, das ist echt die genialste Idee des Abends.

REZSO Kannst du etwa keinen Mann spielen?

DIE FRAU Ich bin der männlichste Mann der Welt, ja? Ich bin ein besserer Mann als ich je eine Frau sein kann. Also, hier, nimm das bekloppte Teil und schwing deinen Hintern hoch. So, der Text ist mir zu blöd. Wir improvisieren.

REZSO Ich dachte, du magst keine Improvisationen?

DIE FRAU Na, wenn die Vorlage dämlich ist, dann *muss* man ja.

Sie versuchen eine Szene aus »Vom Winde verweht« nachzuspielen. Sie lachen.

REZSO Und nun musst du mich an dich ziehen, musst mich fest umarmen, so dass ich glaube, du willst mich küssen, und sagst: »Öffne deine Augen und sieh mich an. Nein, ich denke nicht, dass ich dich küssen werde, obwohl du es dringend nötig hast, geküsst zu werden. Das ist dein Problem. Du müsstest oft geküsst werden und zwar von jemand, der Ahnung davon hat.«

DIE FRAU Echt? Das sagt er? Das ist aber gemein.

REZSO Er weiß eben, wie er mit ihr umgehen muss. Sie sind einander so ähnlich. Das liebt er an ihr, nur sie versteht es erst, als es zu spät ist. Ich meine, den ganzen Film über will sie eine andere sein und vergisst darüber, wie toll sie eigentlich ist, und als sie kapiert, dass sie mit ihm am meisten sie selbst ist, da ist er weg.

DIE FRAU Blablabla. Okay, also, los, komm in meine Arme, Baby. Ich zeige dir, wie man Frauen küsst.

REZSO Du bist ein ganz schöner Macho, weißt du das?

DIE FRAU Ich bin ein Naturirrtum.

REZSO Wieso das denn?

DIE FRAU Sag ich doch, ich hätte eigentlich ein Mann werden sollen. Dann hätte ich eine Frau wie mich gefunden und hätte sie glücklich gemacht.

REZSO Du kannst ja einen Mann wie mich glücklich machen. »Ich weiß nur, dass ich dich liebe, Rhett. «

DIE FRAU »Dein Pech, Scarlett. «

REZSO Ich wusste es, ich wusste es, ich wusste es, du kennst den Text, du kennst die Stelle, du liebst den Film!

DIE FRAU Quatsch. Die Stelle kennt jeder.

REZSO Nein, nein, nein. Du kannst ihn mitsprechen. Ich wusste es. Gib es zu.

DIE FRAU Unsinn!

REZSO Gib's zu, gib's zu, gib's zu!

DIE FRAU Ja, okay, ich mag die Stelle. Aber auch wirklich nur diese eine.

REZSO Wie oft?
DIE FRAU Wie oft was?
REZSO Wie oft hast du ihn dir reingezogen?
DIE FRAU Mein Gott, ich kenne den Film und diese beschissene Stelle, wie wahrscheinlich jeder andere Mensch auf diesem Planeten auch. Ich bin kein eingefleischter Schnulzengucker. Ich hasse so was.
REZSO Ja, ja, ich auch.

8.

Eine abgedunkelte Wohnung. Die Wohnung der Frau mit Holzdielen und Weinflaschen, mit einer langen Vergangenheit. Die Frau reißt die Tür auf, oder die Tür wird aufgerissen.

DIE FRAU Rezso, ich hab dir doch gesagt … Was …
DARIO *zeigt auf ein Haar von sich* Das Graue, das habe ich bekommen drei Jahre nachdem, nachdem du … Nun ja, mein Körper ist sicher nicht mehr ganz der alte. Aber so stark habe ich mich nun auch wieder nicht verändert. Sieh mich doch bitte nicht so an.
DIE FRAU Was machst du hier?
DARIO Ich wollte dich sehen.
DIE FRAU Mich sehen?
DARIO Darf ich hereinkommen?
DIE FRAU Es ist eine Ewigkeit, ein halbes, nein, ein ganzes Leben ist es her.
DARIO Ich weiß. Du bist immer noch wunderschön. Nur deine Augen sind ein wenig gnadenloser.
DIE FRAU Moment, Moment mal …
DARIO Ich habe mir oft deine Stücke angesehen.

Manchmal habe ich sogar gehofft, wir würden uns im Foyer treffen. Aber dem war nie so.

DIE FRAU Ist es wegen Rezso?

DARIO Was? Nein, oh nein, ich habe mich sehr gefreut, als ich hörte, dass ihr, nun ja, zusammen arbeitet und …

DIE FRAU Du hast dich gefreut?

DARIO Er hat's mir erzählt, er kam mit strahlenden Augen zu mir und schwärmte von deinem Talent.

DIE FRAU Ich mag ihn sehr. Er weiß nichts von … uns.

DARIO Darf ich dich umarmen?

DIE FRAU Darf ich dich bitte daran erinnern, dass ich keine zwanzig mehr bin, und dass ich mich nicht verhalten werde wie eine Zwanzigjährige?

DARIO Darf ich?

DIE FRAU Ich glaube, du solltest jetzt besser gehen.

DARIO Es tut mir leid.

DIE FRAU Was?

DARIO Dass du es nie gespürt hast, dass ich an dir zerbrochen bin. Mir scheint, die Jahre haben unsere Rollen vertauscht.

DIE FRAU Unsere Rollen?

DARIO Und es ist nur gerecht, dass ich jetzt der Bittsteller sein muss.

DIE FRAU Ich war niemals Bittstellerin. Ich war ein Mädchen, das sich leider in ein Arschloch verliebt hat. Kommt vor, oft sogar.

DARIO Liebt er dich?

DIE FRAU Er ist dein Sohn. Frag ihn doch selber.

DARIO Wir sind uns nicht sonderlich nah. Ariane und ich haben uns getrennt, als er …

DIE FRAU Und hat sie dir auch gesagt, warum sie sich von dir getrennt hat?

DARIO Was soll das? Wir haben uns auseinander gelebt, wir hätten das Ganze viel früher ... Aber dann kam Rezso und ...

DIE FRAU Ihr habt euch auseinandergelebt?

DARIO Wovon sprichst du?

DIE FRAU Frag deine Frau. Es ist eure Vergangenheit, und es tut mir leid, dass ich da zufällig rein geraten bin. Das hätte nicht passieren dürfen. Man kann sich heilen. Und ich habe mich geheilt, und es gibt nicht mehr viel, was ich dir sagen kann.

DARIO Ivy ...

DIE FRAU Es kommt mir vor, als hätte mich schon lange niemand mehr mit meinem Namen angesprochen.

DARIO Ich kann deinen Namen nicht oft genug sagen.

DIE FRAU Ja klar, und ich bin zwanzig und du kein Arschloch.

DARIO Hör auf, die Wütende zu spielen. Du bist doch gar nicht mehr wütend.

DIE FRAU Ich muss gleich auf die Probe.

DARIO Du hast dich also doch bezwungen, im Unterschied zu mir. Bravo.

DIE FRAU Was soll das?

DARIO Du hast dich überwunden, hast dich entbunden von all der Last, du hast die Medizin entdeckt, du bist weiter, du hast den Schmerz in die Knie gezwungen und die Arschlochrolle anderen zugeteilt, und nun thronst du in deinem Königreich und gebietest über deine Herzensangelegenheiten spielerisch, fast beiläufig, unmerklich ... Bravo!

DIE FRAU Von wem ich das wohl gelernt habe?

DARIO Warum sagst du ihm nicht, wer du wirklich bist, Ivy?

DIE FRAU Was ich ihm sage und was nicht, geht nur mich was an. Ich habe die Kunst der Ausbeutung noch lange nicht so perfektioniert wie du.

DARIO Die Kunst der Ausbeutung?

DIE FRAU Etwa nicht? Warum gestehen wir uns nicht ein, dass wir ab und an kleine Ausflüge in fremde Herzen brauchen, die noch voll sind von Hoffnungen und Illusionen, vom Glauben an die wahrhaft große Liebe? Zwanzigjährige, die es verkraften, fallen gelassen zu werden und dann doch, wie von Zauberhand, die Kraft finden, sich neu zu erschaffen. Dass wir Injektionen von kleinen giftigen Liebeströpfchen brauchen, Injektionen von Illusionen und Injektionen von Selbstbetrug.

DARIO Er ist unschuldig, Ivy. Er ist unschuldig.

DIE FRAU Ich war auch unschuldig, Dario. Ich war es auch einmal.

DARIO Denke ja nicht, dass du von den Grausamkeiten, die deine Schönheit dir erlaubt, selber verschont bleibst.

DIE FRAU Sie haben mich nicht verschont, so was von nicht verschont.

DARIO Gib mir deine Hand.

DIE FRAU Ich muss.

Dario geht auf sie zu. Nimmt sie in die Arme und küsst sie. Sie erwidert den Kuss nicht, aber nimmt ihn an, als kleine Genugtuung – wenn schon keine Gold-, so doch wenigstens die Silbermedaille.

9.

Noch ist es dunkel und feucht, aber bald wird es dämmern, und das Frösteln wird einen überkommen, aber es wird auch befreiend sein. »Gloomy Sunday« scheint weiterhin die Welt anzuklagen.

IVY Ivy. Ivy. Das ist mein Name. Und Rezso ist es, der im Auto sitzt. Und das hier ist meine Geschichte und die all derer, die traurige ungarische Lieder kennen. Aber in dieser Geschichte, die ich nicht als die meine haben will, fehlt mir immer noch das Gesicht, mein Gesicht, ein Gesicht, das zu all dem passen könnte, das sich all das ansehen könnte. In dieser Geschichte fehlt mir der Teil, der nicht geprägt ist von dieser Geschichte. Von einer existierenden, heilbaren oder unheilbaren oder vielleicht einfach nur eingebildeten Krankheit. Der Teil, der noch geheilt werden könnte. Ich bin also Ivy, aus drei Buchstaben besteht mein Leben, wie auch aus drei Menschen. Und mein Name, ja, mein Name fängt mit dem Laut an, mit dem er endet, und mir bleibt nur zu hoffen, dass mein Ende sich selbst übertrifft und mich zum Anfang zurück führt, der nicht übel war, der gar nicht mal so übel war.

10.

Die Wohnung, die auf einmal wieder erwacht ist.

DARIO Wie konntest du nur? Wie konntest du nur zu ihr gehen? Wie konntest du sie in dein Leben lassen, wohl wissend, dass sie nichts wusste?

IVY Wie konntest du mich zu ihr gehen lassen? Mich?

DARIO Ich dachte du wärst durch damit, ich dachte, es sei vorbei.

IVY Verschwinde!

DARIO Sie hat mir nie etwas gesagt. Sie hat mir nie erklärt, warum sie auf einmal nicht mehr den Beruf ausüben wollte, der sie erfüllt hatte. Sie hat mir nie gesagt, dass …

IVY Verschwinde!

DARIO All die Jahre, all die beschissenen Jahre. Ich hätte es nie erfahren. Niemals. Warum meine Familie in die Brüche ging. Warum meine Frau mir auf einmal erklärte, es sei vorbei, es gebe nichts mehr, was uns verbindet. Was falsch gelaufen ist, an welcher Stelle …

IVY Ach, das wusstest du also nicht. Und jetzt, auf einmal, leuchtet es dir ein. Pling macht es auf einmal. All die Jahre wolltest du kein einziges Mal wissen, was schief gelaufen ist, kein einziges Mal wolltest du deine Frau nach Gründen fragen, und irgendwann tauchst du hier auf, siehst mich, bekommst plötzlich die Inspiration zu einem Gespräch mit deiner Frau, verzeih, Exfrau, und nun bin ich an allem schuld.

DARIO Jetzt hast du die Genugtuung, was? Jetzt kannst du triumphieren, wie?

IVY Ich habe dir gesagt, du sollst nicht mehr herkommen. Außerdem …

DARIO Außerdem was? Ist er auf dem Weg hierher? Umso besser, endlich kann er erfahren, was für ein Stück Scheiße du bist.

IVY Lass Rezso aus dem Spiel.

DARIO Das sagst *du*? Mit den Söhnen, die man hat oder hätte haben können, schläft man nicht, Ivy.

IVY Ich werde so tun, als hätte ich diesen Kommentar von dir überhört. Also, was versuchst du hier zu klären? Deine beschissenen Fehler, deine Vergangenheit, das Scheitern deiner Ehe, deine verlogenen Liebestheorien oder die Eifersucht auf deinen eigenen Sohn, der es einfach besser hinkriegt als du?

DARIO Was redest du da? Was redest du für einen Mist? Ich bin zu dir gekommen, um dir zu sagen, dass er dich … dich … dass er … Und Stunden später erfahre ich, dass all meine verdammten Schuldgefühle, all meine verdammten Gefühle – Lügen waren?

IVY Da bist du nicht der Einzige, Dario, falls es dich tröstet.

DARIO Ist in dir noch ein Funken Menschlichkeit geblieben? Du beutest ihn aus, du willst dich rächen, du willst mir beweisen, dass du heil bist, so verdammt heil, darum geht es dir, und du findest Genugtuung darin, ihn dafür bluten zu lassen, ihn, der für all das nichts kann.

IVY Siehst du hier irgendwo eine Blutlache?

DARIO Liebst du ihn? Sag es mir?

IVY Halt den Mund.

DARIO Liebst du ihn? Liebst du ihn? Beantworte mir die Frage, und ich gehe … Liebst du ihn?

Rezso kommt herein.

REZSO *zu Dario* Was machst du denn hier? Wieso bist du …?

DARIO Setz dich.

IVY Geh, Dario. Es reicht.

DARIO Setz dich, Rezso.

IVY Verschwinde endlich!

DARIO Sie war so alt wie du, als wir … Es ging ein Jahr. Sie wurde schwanger.

IVY Lass es!

DARIO Ich habe sie verlassen. Ariane war schwanger, mit dir. Ariane war …

IVY Hör auf.

REZSO Was redest du da, was redet er da, Ivy, was redet er?

IVY Er lügt.

DARIO Das Lied, mit deinem Namen, das habe ich mit ihr gehört.

REZSO Warum sagst du das? Was soll das? Ivy, sag doch was.

DARIO Es ging ihr nie um dich.

REZSO Ivy …

IVY Nein.

DARIO Sag ihm, wie sehr du mich liebst, sag es ihm, sag ihm, wie du mich verfolgt, wie du mein Leben ruiniert hast, du Miststück, sag ihm, dass du schon immer gewusst hast, wer er ist, wessen Kind er ist. Sag ihm, warum du ihn behalten hast, bei dir.

Rezso steht versteinert da und sieht den beiden zu. Dario umarmt Ivy und hält sie fest, so fest wie nie zuvor. Rezso rennt raus. Ivy schreit ihm hinterher. Dario hält sie weiter fest.

DARIO Es ist gut … ich werde ihn finden, ich werde ihn zurückholen, für dich, für dich, Ivy, wenn du es willst. Wenn du es willst. Du bist ein Knochen, stecken geblieben in meinem Hals, ja, das wolltest du doch. Du bist es.

IVY Genau jetzt, genau in dieser Sekunde bist du für mich gestorben, Dario. Genau in dieser Sekunde begrabe ich dich. Genau jetzt bist du vollkommen, vollkommen in deiner Unfähigkeit. Genau jetzt bist du tot. Und wenn du mich nicht sofort los lässt, dann werde ich dich wirklich töten.

Sie läuft Rezso nach.

11.

Im Auto, im Rasen. Dunkelheit kämpft gegen die verrückt gewordenen Autoscheinwerfer.

IVY Bitte, halt an. Ich werde dir alles erklären, ich werde ... Rezso, es tut mir so leid, du musst mir glauben.

REZSO Das Lied war es doch? Das Lied, hier, hier, ich habe es extra für dich aufgenommen, also hören wir es auch, hier, bitte.

IVY Halt an, verdammt!

REZSO Versuch es erst gar nicht. Lass deine Hände, wo sie hingehören.

IVY Rezso, bitte. Es war nicht wegen ihm, es war niemals wegen ... Es ist eine lange Geschichte, lass uns das in Ruhe ...

REZSO Und, ist die Schande gerächt? Bist du wieder heil?

IVY Du weißt nicht mal, wohin du fährst. Bitte. Nichts ist wieder heil. Nichts, aber das ist jetzt egal, Rezso ...

REZSO Na, ist das Lied schön?

IVY Fahr wenigstens langsamer. Ich kann dir doch alles ... Vorsicht!

REZSO Sag mir, war er gut? Hat er gewusst, wie man dich glücklich macht.

IVY Nein, krank, nur krank hat er mich gemacht.

REZSO Und was hast du mit mir gemacht?

IVY Ich habe nichts gemacht. Ich habe nur …

REZSO Falsch. Falsch. Ivy. Komm, sing zu dem Lied, du kannst es doch mitsingen, du kennst doch den Text, du weißt doch, wie es endet.

IVY Bitte. Hör. Auf.

REZSO Ich kann leider nicht aufhören, was ich nicht angefangen habe.

IVY Halt an, halt endlich an. Mir ist schlecht.

Es knallt. Die Zeiten geraten für einen kurzen Moment durcheinander und ordnen sich dann neu. Das Gleichgewicht ist wieder hergestellt. Die Gegenwart kann kommen.

EPILOG

Im Wald. Der Himmel färbt sich blau. Der Regen hat aufgehört. Die Autoscheinwerfer sind erloschen. Die Batterie ist alle, oder war es der Tod?

IVY Du darfst nicht tot sein. Du kannst nicht sterben, ohne mit mir gelebt zu haben. Nichts von all dem darf gewesen sein. Und keine von denen bin ich. Mit dir hätte ich mein Immunsystem wieder lahmlegen können. Ich singe dich wach. Ich singe dir ein anderes Lied.

Ich kann meine Hand befreien, auf einmal bekomme ich meine Tasche zu packen, jetzt, da es mir nichts mehr bedeutet, da die Angst vorm Schmerz erloschen scheint, jetzt kann ich meine Tasche öffnen und den kleinen Spiegel wieder finden, der so viele Jahre darin lag, in meiner Tasche, in meinem Leben, ohne dass ich gezwungen war, ihn anzuzweifeln, das anzuzweifeln, was ich darin sah. Ich sehe mich. Ich sehe mein Gesicht. Das trockene Blut auf meinem Gesicht. Ich sehe mein Haar, schmutzig, voller Erde, Laub und Blut – und voller Gespenster.

Mein Spiegelbild ist jung. Mein Spiegelbild ist alt. Mein Spiegelbild ist all das, was ich mit dir nicht war. Mit meiner freien Hand zerbreche ich den Spiegel, ein paar Schnitte mehr machen jetzt auch keinen Unterschied.

Ich sehe Scheinwerfer. Sie erhellen noch den heller werdenden Tag. Sie nähern sich. Ich weiß, dass ich nur wenige Sekunden habe, um meine Reste aufzusammeln, meine Reste von zerbrochenen Einzelteilen, von vergangenen Zeiten, von Möglichkeiten, und um zu schreien, so laut, bis der Wagen anhält, bis der Fahrer aussteigt und mich hier rausholt. Egal wie, egal wohin. Weg von mir. Weg von den übrig gebliebenen Optionen und Nicht-Optionen. Wenn es sein muss, breche ich mir ein Bein, um mich, auf den Ellenbogen gestützt, aufzurichten und mich bemerkbar zu machen. Das wäre es wert. Am Leben zu bleiben. Oder hier zu bleiben. Als die Konsequenz meiner Krankheit, als die Konsequenz meines schlimmsten und glücklichsten Jahres.

Herbst der Untertanen

Personen

RINA, *Köchin*
KAELA, *Haushälterin*
LUCI, *Aushilfe*

Ort

Ein großes, herrschaftliches Haus. Draußen herrscht Bürgerkrieg: Es wird demonstriert, immer wieder sind Schüsse und Schreie zu hören.

»Wow, you go and tell all Syrian women to dialogue with the men, who raped their relatives in prison and tortured them. You would never tell an American woman, dialogue is needed with her abuser or rapist. But in Syria, those women need to make your political point, so you can have a clear conscience, that war is bad.«

Anonyme syrische Frauenrechtsaktivistin

1. Im goldenen Tal

Rina und Luci. Beide Frauen sitzen am langen, weiß gedeckten Tisch. Rina weidet ein Huhn aus. Im Hintergrund läuft ein Fernseher ohne Ton. Dort sieht man, nun ja, nicht gerade angenehme Aufnahmen. Bilder, an die wir uns längst gewöhnt haben und die bei genauerem Hinsehen dann doch, nun ja, unangenehm sind.

RINA Du musst genauer werden. Du willst alles auf die Schnelle, und die Gründlichkeit bleibt auf der Strecke. Denkst du, sie zahlen dich, damit du die Glotze anstarrst? Nichts als Blödsinn im Kopf. Ein Huhn nimmt sich nicht von alleine aus. Das Fleisch bedarf besonderer Behandlung. Zuerst legst du das Huhn auf den Rücken, dann trennst du die Sehnen und Bänder am Fersengelenk durch. Anschließend die Achillessehne. Als nächstes packst du die Haut über dem Kropf mit zwei Fingern, reibst sie etwas, greifst den oberen Teil von Speise- und Luftröhre und ziehst den abgetrennten Teil aus dem Hals. In die Bauchdecke anfangs nur ein kleines Loch schneiden, um nicht den Darm zu verletzen. Mit zwei Fingern unter die Bauchdecke fahren und sie zu den Seiten hin aufschneiden. Den Magen wirst du sofort spüren, er ist hart und groß. Die Leber liegt direkt daneben. Den Darm darfst du nur bis zum Enddarm hin lösen. Du brauchst ein spitzes Messer, um zwischen Schwanz und Kloake zu stechen und diese herauszutrennen. Unbedingt die Galle von der Leber lösen. Wenn dabei kleine Teile der Leber zerstört werden, ist das immer noch besser als eine vergällte Leber. Das Blut, das Blut muss weg, vollständig abgewaschen muss es sein. Die Herrschaften sind da penibel. Sie mögen kein Blut auf ihren Tellern. Verstehst du? Da, wo du herkommst, mag man blutiges Fleisch essen, aber hier, bei uns, da herrschen andere Sitten. Hörst du mir überhaupt zu? Wo starrst du hin? Hier, hier, das musst du dir ansehen! Meine Güte, bist du wirklich so schwer von Begriff?

LUCI Ich werde mir mehr Mühe geben.

RINA Und weißt du, warum du dir mehr Mühe geben solltest? Weil du sonst hinausgeworfen wirst, auf die Straße, wo man dich aufgegabelt hat, und du weißt, was da draußen vor sich geht.

LUCI Denken Sie, die Feier wird trotzdem stattfinden?

RINA Was sollte SIE davon abhalten? Meinst du, diese Idioten? *Sie zeigt mit dem Kopf Richtung Fernseher.* Das, was du da siehst, Luci, ist der Abschaum. Purer Abschaum. In diesem Land voller hirnloser, raffgieriger, undankbarer Parasiten, die nicht einmal die Bezeichnung Mensch verdienen, wird niemals Ruhe einkehren. Man sollte zu schätzen wissen, was man hat. Vor allem in diesen Zeiten.

LUCI Ich glaube, es wird nicht so schnell vorbei sein.

RINA Hast du die Filets aus dem Gefrierfach genommen? Sie brauchen eine Weile, bis sie auftauen. Und der General liebt sie weich, ganz zart.

LUCI SIE haben nicht angerufen.

RINA SIE werden um sieben anrufen und uns weitere Anweisungen geben.

LUCI Ich mag nicht, wie er mich ansieht. Als wäre ich eines der Filets, das ihm gleich serviert wird. Und trotzdem will ich, dass die Herrschaften bald zurückkommen.

RINA Ha! Du bist ja putzig. Der General ist doch der liebste Mann von der Welt. Ein Gentleman, was für Manieren, was für eine Haltung, wie gebildet! So galant und fesch ist er. Ein Augenschmaus. Und wie ergeben seinem Land. Und du kannst mir glauben, ich habe schon den Herrschaften davor gedient, und meine Mutter denen davor – aber unser General ist der Beste, das musst du wissen, du dummes Ding.

LUCI Sie werden ja rot.

RINA Dieser Idiot von einem Gärtner hat die Rosen schon wieder nicht geschnitten. Dass Menschen sich solche Freiheiten herausnehmen, sobald die Kontrolle ein bisschen nachlässt, sobald sie glauben, dem Blick eines wachsamen Auges entgangen zu sein. Aber er ist dumm, wenn er glaubt, dass diese Nachlässigkeit ihm verziehen wird, dass er einfach so faulenzen kann, nur weil SIE nicht da sind. SIE kommen wieder und dann gibt's Ärger, das sage ich dir. Ich kenne SIE. Und ich verstehe SIE. Wenn man in diesem Land keine eiserne Hand walten lässt, dann rollt alles auf den Abgrund zu. Dieser Abschaum!

LUCI Vielleicht sind sie es leid.

RINA Leid? Leid? Was sind sie denn leid? Dass man ihre gefräßigen Bäuche füllt, dass man ihnen Arbeit gibt? Was weißt du, Luci? Was weißt du schon von harter Arbeit und von Ungerechtigkeit? Du hast einen Sechser im Lotto gewonnen, als man dich in diesem Haus angestellt hat.

LUCI So habe ich es nicht gemeint.

RINA Woanders hätte man dich längst gefeuert, dich mit deiner Flüchtlingsbiographie. Wer bist du schon? Was kannst du? Was hast du zu bieten, außer deinem hübschen Gesicht? Nicht mal ein Huhn kannst du ordentlich ausnehmen. Und prätentiös ist sie obendrein! Den General mag sie nicht. Dass ich nicht lache. Gut, das Gesichtchen gibt was her. Aber schau dir deine Hüften an. Sind das die Hüften einer Frau? Eindeutig zu dünn. Ein Mann braucht was zum Anfassen. Nicht so ein Gerippe. Und dein Kopf? Voller Blödsinn. Keine Minute Konzentration. Schau der Realität in die Augen, das ist mein Rat. Sieh dich im Spiegel an und denk darüber nach, was du zu bieten hast, und dann überdenke deine Zukunftsaussichten. Hättest du etwas mehr im Kopf, Liebchen, würdest du dir alle Mühe der Welt geben, dem General zu gefallen.

LUCI So bin ich nicht.

RINA Ach was. So ist sie nicht. Natürlich, haben wir doch glatt vergessen. Ein Flüchtling bleibt ein Flüchtling in diesem gottlosen Land. Und das für immer, Luci.

LUCI Haben Sie auch davon gehört?

RINA Was? Ich habe nichts gehört.

LUCI Es heißt, alle Straßen sind versperrt und SIE werden nicht durchkommen, man wird sie nicht zum Palast vorlassen, drum herum stehen die Demonstranten, und die Partisanen sollen auch schon hier sein.

RINA Rede keinen Unsinn. Du solltest dich nicht in Dinge einmischen, die dich nichts angehen. Natürlich verschwinden sie alle. Ein, zwei Schnäpse und ein, zwei süße Worte, und sie hüpfen weg wie die Heuschrecken. Dumm und blind ist das Volk, merk dir das, Luci. Sie wollen nur fressen, scheißen und plündern. Und Frauenärsche angrabschen.

LUCI Aber ich höre …

RINA Du hast nichts gehört, verdammt! Wäre ich nicht hier, wärst du schon längst da unten, inmitten dieser grölenden Masse, aber du scheinst meine wohlgemeinten Ratschläge nicht zu schätzen, und meine Geduld ist nicht grenzenlos, auch daran erinnere ich dich.

LUCI Tut mir leid, Rina.

RINA Dein »Tut mir leid« wird dir nicht jedes Mal deinen kleinen Hintern retten. Dafür musst du schon was tun. Immer muss ich alles alleine machen. Wirklich. Unglaublich. Deprimierend. Denkst du, es macht mir Spaß, die Aufseherin zu spielen? Und diese Schlange Kaela, wenn du glaubst, dass sie dir Gutes will, dann irrst du dich. Sie ist falsch. Seit Jahren beneidet sie mich um meine Stellung. Weil die Herrschaften meine Treue und Loyalität zu schätzen wissen, weil ich ihnen unersetzlich geworden bin.

LUCI Ich glaube, da brennt was. Sehen Sie. Es steigt Rauch auf.

RINA Na und? Was geht es dich an? Von mir aus sollen sie die ganze Stadt abfackeln. Dieses Haus ist ein Musterbeispiel an Sicherheit. Die Tore sind unverwüstlich.

LUCI Aber wenn SIE nicht wiederkommen …

RINA SIE sind in der Sommerresidenz und werden wiederkommen. *Sie schreit.* Und du setz dich endlich hierhin und mach dich an die Arbeit! Du wirst deine kleine, dumme Fresse halten und wirst tun, was ich dir sage. Solange der General nicht da ist, habe ich das Sagen im Haus. Haben wir uns verstanden? Oder willst auch du, wie die anderen, hinausrennen, damit sie dich verspeisen? Sie hassen dich. Sie wollen deine Eigenweide am Zaun aufgehängt sehen. Sie wollen dich kopfüber an einem der Promenadenbäume aufknüpfen. Sie wollen deinen Kopf scheren, dir die Kleider vom Leib reißen, dich durch die ganze Stadt jagen und »Hure, Hure« schreien, weil sie nicht an deiner Stelle sind. Weil man nicht sie hierher geholt hat, sondern dich.

2. Rosen und Gebeine

Kaela trägt die Uniform des Generals, sitzt im Sessel und sieht fern, ohne Ton. Dabei isst sie Erdnüsse oder irgendwas anderes, das die Nerven stärkt und die Potenz steigert. Luci kommt herein und bringt noch mehr Essen. Als sie Kaela als General verkleidet sieht, schreckt sie zurück. Sie will sich wieder hinausschleichen, mit dem Gang einer Vertriebenen.

KAELA *als General* Luci, Luci, willst du kein Bussi? *Sie lacht.* Ziemlich gut, oder? Er redet doch in diesem Ton?

LUCI Ich habe mich erschrocken, ich dachte, ER wäre wieder da und ich hätte es nicht mitbekommen.

KAELA *als General* Komm schon, Luci, leiste mir Gesellschaft. Ich fühle mich so allein, so allein. *Wieder als sie selbst.* Ich finde, ich treffe den Ton ziemlich genau, was meinst du?

LUCI Alle anderen Angestellten sind seit gestern nicht mehr zum Dienst erschienen. Rina sagt, Sie sollen die Vorhänge in die Wäscherei bringen, und dass wir bis Samstag alles auf Hochglanz polieren müssen, für die Feier, wissen Sie?

KAELA *als General* Luci, Bussi. *Als sie selbst.* Ich finde, das war wirklich gut von ihm, wirklich lustig.

Und bilde dir bloß nichts ein, er starrt jeder auf den Hintern. Ich vermute, er hat da gewisse Vorlieben, wenn du verstehst. Aber nein, du verstehst natürlich wieder gar nichts. Sag der fetten Kuh, dass ich keinen Finger krümme, solange die Herrschaften fort sind. Das Land geht vor die Hunde und ich soll hier den Boden schrubben? Sie war schon immer pervers. Ja, ich nenne das pervers. Und jeden Abend bereitet sie ein Menü vor, angeblich weil SIE jederzeit hier herein platzen und danach verlangen könnten. Ich fasse es nicht. Wer soll das alles essen? Wir? Aber wie ich sie kenne, wird sie es eher das Klo runterspülen, als dass sie es uns gibt.

LUCI Sie will, dass die Ordnung gewahrt wird, dass alles beim Alten bleibt.

KAELA Aber nichts ist beim Alten. Dich kann sie vielleicht verarschen, aber ich bin lang genug hier, um zu kapieren, dass *das hier* keineswegs normal ist. Die Straßen sind dicht. Und wenn der General höchstpersönlich in ein Flugzeug stiege und hierher flöge, sie würden es rauskriegen und ihn abschießen. SIE kommen nicht so leicht zurück. Ich bin nicht blöd. Alle sind geflohen. Nur wir sind hier geblieben, und wir sollten es uns gut gehen lassen, was meinst du, Luci-Bussi? Wer hat diese perverse Masochistin zu unserer Aufseherin gemacht? Immer diese Moralpredigten. Ich kenne ihre verpesteten, devoten Sklavengedanken! Ich kenne ihre unterwürfigen Phantasien! Oh ja. Und ich finde, wir sollten uns von ihr nichts mehr sagen lassen.

LUCI Ich weiß nicht. Und was, wenn SIE doch wiederkommen?

KAELA Der General, seine Frau, seine ganze Gefolgschaft – sollte er noch eine haben – sitzen fest, was daran begreifst du nicht, Luci? »Der meist gehasste Mann des Landes«, heißt es jetzt, was denkst du denn? Seine Gewehre werden ihm nichts nutzen. Sie werden ihn mit bloßen Händen zerreißen, bis nur noch Knochen von ihm übrig sind. SIE werden nicht wieder kommen. Wir sind allein. Und wir können nicht hinaus. Wir hätten uns früher überlegen sollen zu gehen. Jetzt ist es zu spät, und ich finde, wir sollten das Beste daraus machen. Wir können tun und lassen, was wir wollen. Wir können in IHRE Privatgemächer, können ihre Kleider tragen, können ihr Essen essen, können ihre Weine trinken, können in ihren Betten schlafen, können, können, können …

LUCI Ich weiß nicht. Ich könnte versuchen, zu meiner Schwester zu kommen. Sie wohnt auf dem Land. Ich könnte zur Hintertür hinaus und …

KAELA Und du denkst, sie finden dich nicht? Sie werden nicht wissen, wem du gedient hast? Wem du den Hintern abgewischt, wessen Kinder du bespaßt, wessen Böden du geschrubbt hast? Sie fangen immer mit den Kleinen an, bis sie an die Großen rankommen. Mit kleinen, zahmen Flüchtlingsmädchen wie dir.

LUCI Aber eines Tages werden sie auch die Mauer durchbrechen und ins Haus eindringen, und dann …

KAELA Hast du einen besseren Vorschlag, Luci-Bussi?

LUCI Ich heiße nicht Luci.

KAELA Ach was?

LUCI Der General hat damit angefangen. Er sagte, mein Name sei zu kompliziert und exotisch. Luci würde besser zu mir passen. Aber ich hasse diesen Namen.

KAELA Tja, damit wirst du leben müssen. Ob du willst oder nicht, du bist längst zu Luci geworden. Zu SEINER Luci. Ich finde SEINE Uniform steht mir, was meinst du?

LUCI Ich weiß nicht.

KAELA »Ich weiß nicht, ich weiß nicht.« Irgendwann musst du wissen. Du weißt doch zum Beispiel, dass unser Fahrer eine Schwuchtel, dass Rina ein perverses altes Miststück ist, dass du von Dieben, Heuchlern, Huren, Drecksschweinen und Mördern umgeben bist? Und dass du in dieser Gesellschaft nur überlebst, wenn du entweder zu einer von ihnen wirst, oder wenn du ihnen weismachen kannst, dass du bereit bist viel weiter zu gehen als sie.

LUCI So bin ich nicht.

KAELA Oh ja, dieser Satz, wie ich ihn liebe. Wie oft ich ihn schon gehört habe. Natürlich. Den sagen sie alle, am Anfang. Du bist besser, nicht wahr?

LUCI Ich glaube, ich sollte zurück in die Küche und …

KAELA *wieder als General* Luci, Luci. Du gehst nirgendwo hin. Du bleibst bei mir, wir zwei werden zusammen jede Menge Spaß haben. Ist es so, oder ist es nicht so? Hab doch keine Angst, Luci. Wir amüsieren uns, das ist nur Spaß, aber bald ist es vorbei, das ganze Spektakel, dann sind wir an der Reihe. Und wir werden uns genau an alles erinnern. Wir werden wissen, wer am lautesten gegrölt, wer am stärksten protestiert, wer die hässlichste Fratze gezeigt hat bei dieser sogenannten Re-vo-lu-tion, und dann werden wir ans Werk gehen, und unsere Strafe wird grausam sein, Luci, das kannst du mir glauben. Aber wir werden uns auch an die erinnern, die uns die Treue gehalten haben, ist es so, oder ist es nicht so? Und wenn du eine von ihnen bist, dann wirst auch du belohnt werden. Und bis dahin, solange diese ermüdende Unruhe da draußen herrscht, wird deine Herrin bestimmt nichts dagegen haben, dass du dir ein paar Kleider von ihr leihst, denn du bist ein schönes Mädchen und hast es verdient, schöne Kleider zu tragen, ist es so, oder ist es nicht so?

LUCI Ich denke nicht, dass es richtig wäre. IHR Kleiderschrank ist heilig. Nein. Das mache ich nicht.

KAELA *weiter als General* Halt endlich den Mund, du blöde Fotze! Ich habe dir ein Angebot gemacht. Nimm es an. Ich leiste keine humanitäre Hilfe an Vertriebene. Und die Erdnüsse sind nicht gut genug geröstet, sieh zu, dass sie es beim nächsten Mal sind.

Luci ist rückwärts aus dem Raum zu gegangen.

KAELA He, he, Luci, wo willst du hin? Das war doch nur Spaß.

Sie rennt ihr hinterher.

3. Kleider machen Leute

Kaela zieht Luci durch den Garten. Sie tragen fremde Kleider: Kleider, die ihre Körper fremd erscheinen lassen, die für die Macht stehen oder für die Abwesenheit der Machthaber. Kaela ist euphorisiert, trinkt, tanzt.

LUCI Ich will nicht mehr. Bitte, Kaela, kommen Sie. Wir sollten reingehen. Wenn Rina uns sieht, sind wir geliefert. Bitte. Sie hat den Fernseher weggeschlossen. Ich habe das ganze Haus durchsucht.

Am Ende habe ich heimlich das Radiogerät aus dem Schuppen geholt, habe es in mein Zimmer gebracht und Nachrichten gehört. Ich muss gehen. Ich muss zu meiner Schwester.

KAELA Oh, fühlt es sich nicht wunderbar an? Was für Stoffe! Sogar Rina, diese Kuh, würde in diesem Kleid einigermaßen gut aussehen.

LUCI Hören Sie es? Hören Sie? Die Schüsse sind ganz nah. Direkt vor den Toren. Oh Gott.

KAELA Weißt du, was ich oben gefunden habe, in SEINEM Schrank? Eine Waffe, groß und schwer. Ein richtiges Gewehr. Ich dachte, das Schießen überlässt er anderen. Aber so klug ist er doch, sich eine Knarre für Notfälle zuzulegen. Ach, fühlt es sich gut an, und diese Rosen! Ich wollte schon immer, dass man mir Rosen ans Bett bringt, jeden Morgen, nach dem Aufwachen. *Wechselt in den Ton der Herrin.* Holunderlimonade, drei Stück von den zauberhaften Königsrosen und etwas Zinkcreme, aber zack, zack! Meine Hände sind etwas rau. He, du, hast du mich nicht verstanden? He, du da, wie ist dein Name?

LUCI Der General hat besser zu Ihnen gepasst.

KAELA Ach was? Ich kann sie alle gut nachmachen. *Wieder als Herrin.* Schau, die weißen Rosen, sie sind zauberhaft. Königsrosen. Eine ganz seltene Sorte. *Als sie selbst.* Na, besser?

LUCI *schreit* Mein Gott! Hören Sie denn nicht? Hören Sie nicht, wie nah die sind, wie nah die Schüsse? SIE werden nicht zurückkommen! Niemand wird kommen, bis die da draußen die Türen einrennen. Bitte, hören Sie auf damit. Bitte.

KAELA Aber womit, Schätzchen? Womit denn? Ich habe nichts gehört.

LUCI Aber ich. Ich höre sie von früh bis spät. Höre alles. Sie sagen schreckliche Dinge über die Herrschaften.

KAELA Und was, wenn es deine Schwester und ihr schönes Bauernhaus gar nicht mehr gibt?

LUCI Sagen Sie nicht sowas. Sie hat doch gar nichts getan. Sie arbeitet in einer Apotheke. Früher wollte sie Tierärztin werden. Sie liebt Hunde und Katzen, schon als sie ganz klein war, hat sie dauernd irgendwelche kranken Tiere angeschleppt. Kanarienvögel hatte sie und Hamster und Kaninchen … bevor wir geflüchtet sind, bevor der Krieg kam.

Rina kommt in den Garten. Sieht die beiden Verkleideten fassungslos an.

RINA Was zum Teufel … das sind IHRE Kleider. Das ist dein Ende, Kaela. Das schwöre ich dir. Du bist erledigt. Warte bloß, bis SIE wieder da sind. Du bekommst nie wieder eine Anstellung, selbst der Hafenstrich wird eine zu feine Adresse für dich sein. Das verspreche ich dir.

KAELA *als Herrin* Rina, dein Huhn gestern hat nach dir gestunken. Nach deinen fleischigen Händen und deinem vertrockneten Leib. Nach deiner Unterwürfigkeit hat es geschmeckt, es war widerlich. Du musst dir schon etwas mehr Mühe geben. So kann das nicht weitergehen.

RINA Du wirst noch um Gnade flehen, mach dich drauf gefasst.

KAELA *als Herrin* Es hat faul und bitter geschmeckt. Und irgendwie hat es mich daran erinnert, wie du meinen Mann, neulich beim Abendessen, in deinen verwelkten Ausschnitt hast blicken lassen, und sein

Gesicht dazu: angewidert und peinlich berührt. Nein, nein, Rina, so geht es nicht weiter. Da müssen wir, ab sofort, ein paar Dinge klar stellen. Du servierst mir nur dann, wenn ich es dir sage. Die festen Zeiten für die Mahlzeiten sind passé. Und parfümiere dich besser, du stinkst nach ... *Schnuppert.* Du riechst ungesund, Rina. So devot. Du wirst uns, ab sofort, deinen Ausschnitt ersparen. Und zieh dich vornehmer an.

RINA Du undankbares, dreckiges Weibsstück! Ich hätte dich auf die Straße setzen sollen, und der Herrin alles erzählen. Alles.

KAELA Wie sagt man so schön? Eine Hand wäscht die andere. Was ich so alles über dich zu erzählen wüsste, Liebes, ach!

RINA Und dieses dumme Flittchen hast du auch schon verdorben. *Zu Luci.* Was stehst du hier rum, wie konntest du es wagen, dieses Kleid anzuziehen? Wozu all meine Mühe, Luci, all meine Energie, die ich in dein dummes Hirn investiert habe?

LUCI Ich wollte es nicht, bitte, seien Sie mir nicht böse, Rina. Ich habe ihr gesagt, dass wir es nicht dürfen. Ich habe es immer wieder gesagt. Ich wollte es gar nicht.

RINA Wer hat hier das Sagen? Wer hat in diesem Haus das Sagen, solange die Herrschaften nicht da sind? Na?

LUCI Sie.

RINA Also.

KAELA Komm schon, Luci. Sei nicht blöd. Sie will doch nur, dass du wieder nach ihrer Pfeife tanzt. Aber sie hat gar keine. Nicht mehr. Kapiere das doch endlich. Ihr geliebter General ist verschwunden. Hat sie sitzen lassen. Hat ihr Dekolletee verschmäht. Hat sie nicht mal angesehen. Warum wohl? Weil er sich lieber kleine runde Apfelpopos anschaut, so wie deinen, Luci-Bussi. Er steht nämlich nicht auf Hängetitten.

RINA Er wird anrufen, und weißt du, was ich ihm sagen werde, kann es dein schlaues Köpfchen erraten? Ich werde sagen: Herr General, unsere Haushälterin, diese hässliche Vogelscheuche, Sie wissen schon, sie ist in Wahrheit eine Diebin. Seit Jahren lässt sie Scheine aus der Schatulle mitgehen. Und nicht nur die. Oh, ja, ja, ganz schlimm. Und die gnädige Herrin hat es gewusst. Werde ich sagen. Die ganze Zeit hat sie es gewusst. Und dann fragt er mich: Aber wieso hat sie sie dann nicht hinausgeworfen?

KAELA *als General* Wieso läuft sie noch ungestraft herum, Rina?

RINA Weil sie die Geheimnisse der gnädigen Frau wahrt. Ein paar kleine schmutzige Geheimnisse.

KAELA *als General* Was für Geheimnisse, Rina? Ich bin ganz Ohr.

RINA Zum Beispiel, dass Ihre Frau sich gerne ein paar junge Herren mit ins Sommerhaus nimmt, während Eure Herrschaft mit Politik beschäftigt sind. Ja, und dieses Miststück von Kaela lässt sie Wache halten. Vielleicht bittet sie sie aber auch mit hinein. Vielleicht teilen sie sich die jungen Herren, wobei ich bezweifele, dass die gnädige Frau sich mit ihrer Haushälterin etwas teilen würde, schon gar diese appetitlichen Männerhände und -lenden, ihre Lippen und, vor allem, ihre Schwänze. Wenngleich diese Hyäne sicher danach lechzt. Wenngleich sie bestimmt an der Tür lauscht und bei jedem Stöhnen ein Jucken zwischen ihren Beinen verspürt. Oh ja, denn sie ist leider zu kurz gekommen in ihrem Hurenleben, unersättlich wie sie ist. Es tut mir sehr leid, Herr General, dass ich Ihnen all das nicht ersparen kann, aber seien Sie nicht zornig auf Ihre Frau, dieses tollwütige geile Äffchen Kaela hat sie damit angesteckt.

KAELA *als General* Oh, das ist aber unerhört. Das ist schlimm. Schlimm. Schlimm. Was würde ich bloß ohne dich tun, Rina? Ich habe schon immer deinen Stoizismus bewundert. Deine Ausdauer. Deine Unbeflecktheit. Noch kein Tropfen des verfluchten männlichen Samens ist dir die Schenkel herunter getropft. Oder? Oh, wie heilig dein Schoß ist, Rina. Wie heilig. So heilig, dass man ihn mit den Zähnen zerreißen möchte, wärst du nur nicht so alt und unansehnlich. Oh ja, Rina.

LUCI Die Schüsse …

RINA Was das angeht, Herr General, so glaube ich, dass euch Kaela mehr zu Diensten wäre. Ich habe gehört …

KAELA *als General* Ja, was haben Sie gehört, liebste Rina?

RINA Nun ja, ich habe gehört, dass sie damals im Krieg – kaum 17-jährig, Vater unbekannt, Mutter Gelegenheitsarbeiterin, Gott weiß, womit die ihr Geld verdient hat –, dass sie damals, als die Bomben fielen, durch die Straßen irrte und nach Essen Ausschau hielt. So erzählt man sich zumindest. Bis sie auf Soldaten stieß. Sie hatten gerade ihre Zelte aufgeschlagen, wie man so schön sagt. Ein Haus hatten sie besetzt und sich etwas zu Essen gemacht, wahrscheinlich wollten sie die Nacht dort verbringen und auf weitere Befehle warten. Hatten sich abgelenkt, von ihrem tristen Alltag, vielleicht etwas getrunken. Sie wissen ja, das Schlachten kann sehr ermüdend sein, Herr General.

KAELA *bemüht, den Generals-Ton zu wahren* Oh ja, davon kann ich ein Lied singen, meine Gute.

RINA Jedenfalls ist sie hin und hat darum gebeten, ihr etwas zu essen zu geben. Sie war so dumm, dass sie die Ihren nicht von den Feinden hat unterscheiden können, oder aber der Hunger hatte sie blind gemacht. Wenn man in der Gosse aufgewachsen ist, keine Ehre, keine Scham, keinen Stolz kennt, da ist das ja auch nicht anders zu erwarten. Und so ist sie in die Höhle des Löwen, wie man so schön sagt, Herr General. Und die Soldaten haben sich gefreut. Haben sich wohl gedacht, sie sei ein Geschenk des Himmels. Eine Art Belohnung für ihre Tapferkeit und die vielen Toten.

KAELA *als General* Äußerst spannend, Rina, aber nun wird es Zeit, dass du dich ans Kochen machst.

RINA Das Essen ist bereits fertig. Lammragout in Koriandersauce. An die Essenszeiten der Herrschaften muss mich doch niemand erinnern. Wo waren wir stehen geblieben? Ach ja, das arme Ding fragt also, ob sie etwas zu essen haben könne und erzählt die traurige Geschichte von ihrem Haus, das zerbombt wurde, und dass ihre Mutter nicht zurückgekehrt sei, nun ja, das Zuhause gab es ja auch nicht mehr, aber ich verliere mich nicht weiter in Details, solche Geschichten hat unser Land zuhauf geschrieben, das wissen Sie besser als ich, Herr General. Die Soldaten nehmen sie also auf, geben ihr etwas zu trinken …

KAELA *als General* Ich fürchte, wir müssen die Plauderstunde leider vertagen, Rina, die Politik lässt nicht länger auf sich warten.

RINA Nein, nein, ich kürze es ab, Herr General, das Wichtigste kommt ja noch. Das will ich Ihnen nicht vorenthalten. Sie geben ihr also zu trinken. Sie erzählen ihr, dass sie ihre Freunde seien, und das glaubt sie ihnen.

KAELA *als General* Ich befehle dir, sofort in die Küche zu gehen und …

RINA Und als sie angeheitert ist, mit rosa Bäckchen, mit glühendem Nacken, mit elektrisiertem Haar und mit Hoffnung zwischen den Rippen – da fordern sie sie auf, ihren Rock zu heben und sich über den Tisch zu beugen. Sie lacht und denkt, dass sie Scherze machen. Sie mag aus der Gosse kommen, aber sie ist noch nicht verdorben, das muss man ihr zu Gute halten.

KAELA Hör auf!

RINA Einer kommt, hebt ihren Rock, das zerlumpte Ding, dann kommen schon der Zweite und Dritte und halten sie an den Handgelenken fest, der Vierte schiebt ihre Beine auseinander, und der Fünfte, Gott weiß, was der Fünfte macht. Es sollen einige gewesen sein. Sagt man.

KAELA Hör auf!

RINA Aber nein, Herr General, das Aufregendste kommt ja noch. Die Pointe. Sie lieben doch Pointen. Und als die Jungs richtig in Fahrt gekommen sind …

LUCI Bitte. Rina. Bitte.

RINA Als sie sie alle durch hatten – einer nach dem anderen, von vorne und hinten, von oben und unten, und nochmal und nochmal und nochmal, auf Vorrat, denn wissen Sie, man kann nie sicher sein, wann sich wieder die Gelegenheit bietet … kurz und gut, als sie fertig sind, lassen sie sie liegen, ausgemergelt und wund, halbtot, könnte man sagen. Es graut schon der Morgen, da kommt der Befehl zum Aufbruch. Und wie sie so daliegt, da dreht sie den Soldaten ihr verheultes, verrotztes Gesicht zu und sagt ...

Kaela rennt aus dem Garten.

RINA Ja, da sagt sie: »Könnten Sie mir wenigstens das Brot und die Wurst da lassen, ich habe doch gut bezahlt.« Ja, das soll sie gesagt haben. *Ruft Kaela hinterher.* »Ich habe doch gut bezahlt!« Stellen Sie sich das vor, Herr General. *Zu Luci.* Und du, was stehst du hier rum und glotzt blöd? An die Arbeit!

4. Henkersmahlzeit

Eine lange Tafel. Festlich gedeckt. Von draußen hört man die Menschenmenge brüllen. Rina sitzt herausgeputzt am Kopf des Tisches. Ihr gegenüber Luci. Kaela, in ihrer Dienstkleidung, muss servieren.

RINA *zu Kaela* Nein, sie bekommt das Angestelltenessen. Mein Cordon bleu und das Preiselbeer-Sorbet muss sie sich erst verdienen. Und Vorsicht mit dem Wein, der war teuer. – Na, Luci, Lust auf mein Cordon bleu? Schade, dass du ungehorsam warst, dass du dich von dieser Arbeitsverweigerin hast anstiften lassen. Mal sehen, vielleicht bin ich am Ende gnädig und gebe dir noch etwas von den Resten ab.

KAELA Ich habe das Silber geputzt. Und die verdammten Vorhänge sind auch schon zum Trocknen aufgehängt. Ich habe Hunger.

RINA Das hättest du dir überlegen sollen, bevor du deinen witzigen Aufstand geplant hast.

KAELA Ich hole mir selber was.

RINA Wie denn, meine Liebe? Willst du mir die Kehle durchschneiden? Anders kommst du an die Schlüssel nämlich gar nicht dran.

LUCI Ich würde so gern die Nachrichten sehen.

RINA Wozu? Damit du weiter deine Pflichten vernachlässigen kannst?

KAELA Ich will essen. Sofort.

RINA Tja, Luci, sie will essen. Sie hat nämlich Hunger. Können wir denn einfach vergessen, dass sie ihre Pflichten vernachlässigt hat?

KAELA Was für Pflichten? Du gehörst in die Irrenanstalt. Siehst du nicht, was draußen vor sich geht?

RINA Was geht denn draußen vor sich, das dir erlauben würde, deine Pflichten zu vernachlässigen?

KAELA Ein kleiner Krieg, wie wäre es damit?

RINA Ach, ein Krieg also. *Du* müsstest doch wissen, was Krieg ist? Hm, ich muss mich einfach loben, ich habe mich selbst übertroffen, was für eine dezente Würze!

KAELA Was denkst du, was nach all dem hier kommt? Denkst du, SIE nehmen dich mit, vorausgesetzt, SIE kommen überhaupt lebend aus dieser Scheiße raus? Du wirst mich nicht klein kriegen! Du nicht! Auch wenn ich verhungern sollte.

RINA Hast du deine Lektion nicht gelernt? Soll ich dir auf die Sprünge helfen, wohin dich dein Hunger das letzte Mal getrieben hat? Wie viele Männer waren es gleich? Ach, was ich schon immer wissen wollte: Als sie dich mit heruntergezogenen Strümpfen zurückließen – hattest du überhaupt Strümpfe an, das bezweifele ich, woher denn auch –, haben sie dir da wenigstens das Brot dagelassen?

LUCI Ich kann ihr doch etwas von meinem Essen abgeben.

RINA Aber du hast doch selber nichts auf dem Teller, meine Liebe. Man sollte nichts versprechen, von dem man nicht sicher ist, dass man es auch halten kann. Na, na, na.

LUCI Dieses … Huhn … es reicht für uns alle.

RINA Du hirnloses Wesen kannst nicht mal ein einfaches Huhn von einem Cordon bleu unterscheiden.

KAELA Was nutzt einem die beschissene Erziehung, wenn man zum Diener geboren ist? Das ist wie die Haut, in der man steckt. Die kann man auch nicht einfach so abstreifen wie ein lästiges Kleid, nicht wahr, Rina? Das soll dir mal einer nachmachen: das Dienen.

RINA Oh, Luci, sie ist nicht nett zu mir. Siehst du? Ich gebe mir alle Mühe der Welt, und was bekomme ich zurück? Schenk mir Wein nach, Kaela, nicht so zaghaft, komm schon, der Herrin schenkst du auch immer reichlich ein, warum auf einmal die Zurückhaltung?

KAELA Die Herrin ist eine Nutte, und Nutten sind ehrlichere Häute als eine vertrocknete alte Sadistin, die die Moral der Welt für sich gepachtet hat.

RINA Nutten sind nur ihresgleichen treu. Ja, ja, ich vergaß, verzeih. Eine Art kollegiale Verbundenheit, nicht wahr? Wie viele Schwänze waren es nochmal, Kaela, komm schon, befriedige unsere Neugier, dann überlege ich mir vielleicht, dir doch etwas von meinem wunderbaren Cordon bleu abzugeben.

LUCI Sie schießen. Sie schießen. Sie schießen. *Hält sich die Ohren zu.* Hört auf, bitte! Sie sind ganz nah. Ich will den Fernseher wiederhaben. Ich will zu meiner Schwester.

5. Von Unruhen und wilden Tänzen

Luci hat die Musik laut aufgedreht, um die Geräusche von draußen nicht mehr hören zu müssen. Kaela kommt in die Küche geschlichen, bleibt in der Ecke stehen und beobachtet sie. Luci beginnt gegen die Musik anzuschreien.

LUCI *wie im Wahn, als spreche sie ein Gebet* Du hattest mir violette Handschuhe gestrickt. »Wozu denn Handschuhe«, fragte ich, »bei uns schneit es doch nie?« »Man kann nie wissen«, sagtest du. Und ich habe gelacht. Wenige Tage später hast du mich dann eines Nachts geweckt. Ich habe noch genau dein Gesicht vor Augen. Du bist in unser Zimmer, hast dich zu uns ans Bett gesetzt, hast uns mit Küssen überhäuft, meine Schwester und mich – deine Küsse, die nach Honig und Moschus schmeckten, und nach etwas, das ich nicht kannte, aber unbedingt kennenlernen wollte –, und dann hast du gesagt: »Es wird Unruhen geben.« Dieses Wort hast du für alles gebraucht, was unaussprechlich war und was dir Angst machte, immer dieses eine Wort: *Unruhen.* Wir wollten wissen, was das heiße, und du sagtest: »Fremde Männer werden kommen und werden uns diese Erde, dieses Haus, dieses Leben streitig machen, aber das muss nichts heißen, Papa wird weiter zur Arbeit gehen, ich weiter zum Hort und Kinder betreuen, und ihr dürft keine Angst haben. Wir müssen nur warten, sie werden nicht ewig bleiben, und dann wird alles wieder wie früher.« Daraufhin habe ich meine Handschuhe genommen, ich hatte sie unterm Kissen versteckt, und habe sie angezogen, keine Ahnung warum, ich dachte wohl, sie würden mich schützen. Ich wollte, dass sie mit meinen Händen verwachsen, eine zweite Haut sollten sie mir werden. Meine Handschuhe, die mich vor allem Übel bewahren würden. Handschuhe für ein schneeloses, aber blutiges Land. »Man kann nie wissen«, hattest du gesagt, und ich: Ja, man kann nie wissen.

Die Unruhen und Papas Geschrei, als sie unser Haus beschossen. Dein Erstgeborener, Mama, der zum Gewehr griff, und dein Gesicht, dein Weinen, als du sagtest: »Bitte, bitte ziehe nicht in den Krieg. Du kommst nicht wieder. Niemand kommt aus dem Krieg zurück.« Und er lachte und sagte: »Aber Mama, natürlich kommen welche wieder: die Sieger. Und ich werde ein Sieger sein.« Und du: »Aber die, die wiederkommen, sind durchsichtig und kalt, denn auf dem Schlachtfeld verliert man sein Mitgefühl, und ohne das dauert es nicht lange und man richtet die Waffe gegen die Seinen.« Aber er hat nicht auf dich gehört.

Die Kinder deines Hortes. Die bunten Buchstaben, die westlichen Buchstaben, die großzügige Gabe einer westlichen NGO. Wie du dieses Wort ausgesprochen hast, ach, was haben wir gelacht, meine Schwester und ich, wir haben dich nachgemacht: »Engio.« Hast du immer gesagt. Und wir fanden das so komisch. Ja, die Buchstaben und die Spielzeugdinosaurier und die kleinen Holzbetten. Wie du immer darauf beharrt hast, dass Papa das Wort »Krieg« nicht in den Mund nähme, dass wir bei dem Wort »Unruhen« blieben. Dabei wussten deine beiden Mädchen längst, was Krieg bedeutet. Wie viel Hoffnung noch im Wort »Unruhen« steckt, und wie wenig davon im »Krieg«.

Und dann, als es hieß, dein Junge sei gefallen, sein Leichnam unauffindbar. Wie diese Nachricht für immer deine Gesichtszüge verändert hat, als hätte sie dich verätzt. Und trotzdem wolltest du, dass wir weiter von »Unruhen« sprachen.
Die Bunker, die wir aufsuchen mussten, in den Nächten, in denen die Bomben uns Mond und Sonne ersetzten. Die Geräusche. Wie jetzt. Genau wie jetzt. Dumpf und schrill zugleich.
Deine Panik, dass der Hort nichts mehr zu essen haben würde, wir sowieso nicht, aber du hast dich um die fremden Kinder mehr gesorgt als um deine eigenen. »Wir schaffen das schon«, hast du gesagt, »wir haben uns, aber die Kinder dort, die haben Vater und Mutter, Geschwister und Großeltern verloren, wir müssen sie ihnen alle ersetzen, bis die *Unruhen* vorbei sind.«

Luci steht auf und beginnt zu tanzen. Sie fällt hin, steht wieder auf, rennt gegen ihre Erinnerungen an. Immer wieder. Fällt, steht auf, fällt. Kaela dreht die Musik ab. Luci bleibt erschrocken auf dem Boden liegen.

KAELA Wie sind sie gestorben? Schüsse? Bomben? Das klassische Programm, nehme ich an, oder doch etwas Ausgefallenes? Etwas mit Messern und Folter, etwas mit Verbrennungen vielleicht?
LUCI Ich habe Sie nicht kommen hören.
KAELA Ach, komm schon, wir sind hier in diesem herrlichen Haus weiblicher Solidarität, Luci-Bussi, hast du das etwa noch nicht mitbekommen? Unsere Hausherrin hat es so beschlossen, also los, entledige dich deiner Alpträume. Du hast doch auch gebannt

meiner Geschichte gelauscht, ich erweise dir liebend gern denselben Dienst.

LUCI *schreit* Sie sind nicht tot! Das dürfen Sie nicht sagen! Auf keinen Fall sind sie tot! Wir wurden nur in unterschiedliche Auffanglager gebracht. Man hat uns getrennt. Meine Schwester und ich haben etliche Suchanträge gestellt. Wir suchen weiter, wir geben nicht auf. Und sie suchen uns bestimmt auch.

KAELA Natürlich, Luci-Bussi, ich habe dich nicht verletzten wollen. Wer sucht, der findet, nicht wahr?

LUCI Ich habe es nicht gewusst. Die Sache mit ... Ihre Sache.

KAELA Wie denn auch? Ich erzähle nicht jedem, wie ich von mehreren Männern gleichzeitig durchgenommen wurde. Ist nicht so eine schöne Erinnerung, weißt du? Aber was soll's. Ich hab's überlebt.

LUCI Ich könnte das nicht. Ich bin nicht wie Sie.

KAELA Wie bin ich denn? Weißt du, wie ich bin? Ich habe keine Angst, im Unterschied zu unserer feinen Köchin bin ich frei. Wer hindert dich, mit mir nach oben zu gehen und IHRE Kleider anzuziehen? Sie? Rina? Denkst du, sie hat mich zum Schweigen gebracht, als sie mir ihr stinkendes Huhn verweigerte, oder als sie mir meine Geschichte ins Gesicht brüllte? Man muss nur wissen, an wen man sich im Leben zu halten hat, Luci. Und du bekommst eine zweite Chance, die richtige Wahl zu treffen.

LUCI Ich kann hier nicht länger bleiben. Ich will versuchen, mich zu meiner Schwester durchzuschlagen.

KAELA Gut. Gut. Ich helfe dir, zu ihr zu kommen. Ich habe Freunde. Im Unterschied zu ihr habe ich noch Freunde. Ich helfe dir, wenn du mir einen Gefallen tust.

LUCI Was wollen Sie von mir?

KAELA Nichts Großes. Eine Sache von zehn Minuten. Dann rufe ich einen Freund an, dass er dich zu deiner Schwester bringt. Du bist schneller hier raus, als ich deinen Namen aussprechen kann. *Als General, lachend.* Stimmt's, oder stimmt's nicht?

Kaela geht auf Luci zu und flüstert ihr etwas ins Ohr. Luci weicht zurück, schüttelt den Kopf.

LUCI Ich kann das nicht. Wie soll ich das anstellen?

KAELA Du bist doch geschickt, Luci-Bussi, hat der General nicht stets deine flinken Finger gerühmt? Außerdem bist du ständig in ihrer Nähe, du hast unendlich viele Gelegenheiten, komm schon, etwas Mut, etwas Willensstärke, etwas Spielfreude wirst du doch wohl aufbringen, meine Güte! Also, lass dir was einfallen.

LUCI Oh Gott, schon wieder schießen sie.

KAELA Natürlich schießen sie, Luci-Bussi. Da draußen herrscht ein verdammter Bürgerkrieg. Da schießt man. So einfach ist das. Aber ist das ein Grund, nicht zu deiner Schwester zu fahren? Ein Grund, uns den Spaß verderben zu lassen?

6. Das gebrochene Licht

Luci sitzt in der Küche und schneidet stumm Gemüse. Rina kommt herein, schaut ihr selbstzufrieden zu.

LUCI Sie haben mir das Radio weggenommen. Ohne mich zu fragen, sind Sie in mein Zimmer. Das dürfen Sie nicht. Wir müssen doch wissen, was draußen vor sich geht. Bitte, geben Sie es mir zurück. Ich gebe mir doch alle Mühe. Bitte.

RINA Was willst du wissen? Was musst du wissen, was du nicht auch von mir erfahren kannst? Würden sie alle arbeiten, müssten sie nicht hungern, müssten sie nicht draußen stehen, hirnlose Parolen schreien und sich die Köpfe einschlagen. Jeder Mensch sollte arbeiten. Gut und ehrlich und hart arbeiten. Meine Mutter hatte auch nicht viel, mein Vater starb früh, und sie musste mich alleine durchbringen, und das in dieser schweren Zeit. Wo glotzt du die ganze Zeit hin? Erwartest du jemanden?

LUCI Aber es gibt keine Arbeit. Ein ganzes Jahr lang habe ich welche gesucht.

RINA Es gibt immer was zu tun. Erst recht für unsereins. Die Welt dreht sich weiter und macht ihren Dreck. Klar, alle sehen sich gleich zu Gott weiß was berufen. Aber man darf sich nicht zu schade sein, den Schmutz anderer Leute weg zu machen. Denn da fangen wir schließlich alle an: im Dreck, und enden auch dort. Was ist daran verwerflich? Die normalste Sache der Welt: Dreck.

LUCI Ich hätte das Radio trotzdem gern zurück.

RINA Es gibt kein Radio mehr, akzeptiere das und konzentriere dich auf deine Arbeit.

LUCI Aber es ist doch sinnlos. Wir kochen jeden Tag und brauchen Vorräte auf, obwohl wir gar nicht wissen, ob und wann SIE wiederkommen.

RINA Ordnung muss man halten, Krieg hin oder her.

LUCI Aber …

RINA Meine Güte, Mädchen, wo bist du bloß aufgewachsen? Ich hatte genug Flüchtlingskinder hier, und keines war so stur wie du. Wie oft soll ich es dir noch sagen: die Herrschaften kommen wieder. Und auch wenn es nicht dieselben sein werden wie vorher, dann kommen eben andere. Und sie werden sehen, dass du nicht raus bist und gebrüllt und geschossen hast wie diese Affen, sondern schön weiter deine Arbeit erledigt und Ordnung im Haus gehalten hast. Und dann wirst du belohnt werden. Man wird dich am Leben lassen.

KAELA *als Soldat verkleidet, steht plötzlich in der Tür* Wollte er auch nicht auf deine Ratschläge hören? Ja?

Rina erhebt sich, sie starrt Kaela an, dann wandert ihr Blick zurück zu Luci, die den Kopf senkt und akribisch das Gemüse schneidet.

RINA Woher hast du … Zieh das sofort aus!

KAELA Und wenn nicht? Lässt du mich einsperren, wie du ihn hast einsperren lassen?

RINA *kreischt* Zieh die Uniform aus! Sofort! *Zu Luci.* Und du denkst, du tust dir einen Gefallen, wenn du diesem Abschaum hilfst, meinen Zimmerschlüssel zu stehlen? Was hat sie dir dafür versprochen?

KAELA Und was hat man dir versprochen, als du deinen Sohn, dein einziges Kind, ausgeliefert hast? Das hier? Eine Sklavenstelle auf Lebenszeit?

LUCI Ich will gehen, bitte.

KAELA War ein strammer Bursche, was? Breite Schultern, ein starkes Kreuz. Welchen Foltern hat Mami ihn denn aussetzen lassen? Bei so einem Kreuz muss man sich schon Mühe geben, es zu brechen. Ich dachte, die Uniform könnte deiner Erinnerung auf die Sprünge helfen. Dachte, wenn wir schon die Plauderrunde eröffnet haben, solltest du uns deine

Geschichte nicht vorenthalten. Eine Mutter, die ihren eigenen Sohn an Folterer und Mörder ausliefert, das hat man schließlich nicht alle Tage, was? Na, Luci, wollen wir Rina die Bühne überlassen, damit sie uns das schillerndste Kapitel ihres Lebens darbietet?

RINA Diesmal bist du eindeutig zu weit gegangen.

KAELA Sag das nochmal, irgendwie bist du gerade nicht so bei Stimme.

RINA Du hast keine Ahnung, wovon du redest, du weißt nichts über mich, rein gar nichts!

KAELA Oh doch, da irrst du dich. Ich weiß so einiges. Ich weiß zum Beispiel, dass du einen Sohn hattest, dem diese Uniform bestimmt gut stand. Ein wohlerzogener Herr muss sich deiner erbarmt und dich geschwängert haben. Und entweder hast du ihn, bald nach der Niederkunft, entmannt und in einen dunklen Kerker gesperrt, oder er hatte Glück und hat das Weite gesucht, solange er noch konnte, und hat dich mit dem Jungen sitzen lassen. Welch eine Schande, Rina, wie konnte dir, der Mutter aller Tugenden, so etwas Beschämendes widerfahren? Aber Rina ist ja deswegen Rina, weil sie wie eine Ratte ist, ja, in ihren Adern fließt Rattenblut, sie kann mit jeder Schande leben, sie ist zäh, und so hat sie Mittel und Wege gefunden, den Jungen groß zu ziehen. Bestimmt die beste Schule, feine Manieren, gestärkte Manschetten, ein blitzblanker Kragen, bestimmt immer schön »Bitte« und »Danke« gesagt, und bestimmt war ihm früh klar, dass er mindestens Nationalheld werden müsse, um Mama nicht zu enttäuschen.

LUCI Bitte, Kaela.

KAELA Aber dann wurde der Junge groß und hatte die Schnauze voll von »Bitte« und »Danke«. Irgendwann sah er sich um und stellte fest, was für einen Misthaufen ihm seine Mutter als das Glück verkauft hatte. Stellte fest, was für eine Hölle sie für ihn vorgesehen hatte. Schön zum Militär gehen, schön den Offizieren und Generälen die Füße küssen, sich mit den Resten begnügen, die man ihm zuwarf, nehmen, was die anderen nicht mehr wollten, und dann … Ja, was dann? Dann ist er ausgestiegen. Hat der Mama und ihren feinen Manieren den Stinkefinger gezeigt. Hat ihr ins Gesicht gelacht und sie verschmäht. Wann ist ihm die Sicherung durchgebrannt, Rina? Na? Wann ist dir klar geworden, dass es nichts mehr wird mit dem Mustersöhnchen? Komm schon, lass uns nicht unbefriedigt zurück. Luci, du musst wissen: Als sie erfuhr, dass der Junge zu den Partisanen übergelaufen war, zerriss es Rina das Herz. Ja, da begrub die Schande unsere moralisch einwandfreie Rina unter ihrer Last. Ihr Sohn schließt sich dem Widerstand an! Diese Terroristen, dieser Abschaum – und er mittendrin, kannst du dir das vorstellen? Oh weh! Und rate mal, Luci, was die Mustermama daraufhin macht? Sie schwärzt ihren Sohn an. Sie lässt ihn wegsperren.

RINA *versagt die Stimme* Ich wollte ihn nur vor dem sicheren Tod bewahren, du Unmensch. Du wirst nie verstehen, was es bedeutet, Mutter zu sein. Du bist trocken wie der Wüstensand. Du bist verpestet. Du weißt nicht, was es heißt, jemanden zu …

KAELA Oh, uns kommen gleich die Tränen, nicht wahr? Na, komm schon, erklär uns, den Niederen und Dummen, was ein Mutterherz dazu bewegt, das eigene Kind an seine Feinde auszuliefern?

Rina ab. Kaela lacht und legt ihren Arm um Lucis Schulter, die zu schluchzen beginnt.

KAELA *ruft Rina hinterher* Gibt's heute Abend für uns Ratatouille oder Cordon bleu?

LUCI Das ist unerträglich. Mir ist schlecht. Rufen Sie ihren Freund an! Er muss mich fortbringen.

Rina kommt wieder. In der Hand hält sie die Waffe des Generals.

KAELA Woher hast du die?

RINA Aus deinem Zimmer, mein Schatz. Denkst du, ich bin so blöd und merke nicht, was aus den Privatgemächern der Herrschaften entwendet wird? Ich mache meine Arbeit gründlich.

KAELA Leg das bescheuerte Ding weg. Du weißt doch nicht mal, wie man sie lädt.

RINA An deiner Stelle würde ich nicht allzu sehr darauf vertrauen. Wie weiter? Nun, als erstes zieht die gute alte Kaela die Uniform meines Sohnes aus. Dann wäscht sie sie, bügelt sie und hängt sie wieder zurück. Also los, was siehst du mich so an?

KAELA Das ist albern.

RINA Albern? Albern? Zieh das sofort aus! Du wärst es nicht mal wert, von meinem Sohn angespuckt zu werden! Mach schon!

Sie richtet die Waffe auf Kaela. Die beginnt sich auszuziehen.

RINA So, Luci, meine Kleine. Geh zum Waschbecken und mach den Putzlappen nass, den großen. Gut so. Weiter, weiter, zieh dich aus. Nicht heulen, arbeiten! Den großen, habe ich gesagt. Unters Wasser halten. Richtig. Schön nass muss er sein. Ja, gut so. Und hör auf zu schluchzen, das ist würdelos! Und du? Schön alles ablegen!

KAELA Es reicht jetzt! Hier, hier, deine Uniform, hier!

RINA Alles schön zusammenfalten! Bück dich, heb alles hoch. Die Hose auch! Luci, verdreh das Tuch, nein, nicht knoten, drehen. Ja, und jetzt zeig uns deinen schönen Hintern, Kaela. Den Hintern, der schon so viele Männer glücklich gemacht hat. Komm, bück dich. Schläge fördern die Durchblutung, etwas Farbe kannst du vertragen! Und du, dummes Ding, gehst jetzt dorthin. Keinen Schritt weiter. Ich weiß, wie man ihn lädt, Luci. Soll ich es euch zeigen, oder genügen euch diesmal meine Worte?

Rina steckt Kaela die Waffe in den Mund. Luci schreit. Sie beginnt mit dem nassen Tuch auf Kaela einzuschlagen.

RINA Nicht so zaghaft, Luci. Ja, gut so. Hm, dein Hintern ist auch nicht mehr, was er mal war, Kaela, nicht wahr? Er war mein Sohn. Mein Sohn! Weiter, Luci, los, verdammt. Er war mein einziges Kind. Ich wollte ihn davor bewahren, dass er öffentlich entehrt wird, hingerichtet wie ein Dieb oder Vergewaltiger. Ja, er war blind, er war blind geworden und hat sich anstecken lassen, ich habe einen Augenblick nicht aufgepasst, und schon war er vom rechten Weg abgekommen. Wenn er in den Untergrund ginge, so glaubte er, würde die Welt sich ändern. Das wäre *Freiheit*, glaubte er. Ich habe ihn bekniet, habe ihn angeschrien, ich habe … *Ihre*

Stimme bricht immer wieder weg. Weiter, Luci, nicht schluchzen, schlagen! Ich habe alles für ihn getan. Ich habe ihm Geld besorgt, damit er fliehen konnte. Ich habe mich vor diese Schweine hingestellt und habe für ihn die Schläge eingesteckt, aber er … er … Er wollte nicht hören. Er war genauso blind wie ihr. Seht euch an, was ihr mit eurer Freiheit anstellt! Seht, wohin sie euch geführt hat! Du kniest vor dem Aushilfsmädchen, Kaela, und lässt dir von ihr den Hintern versohlen. Das ist eure Freiheit. Hier habt ihr sie!

KAELA Es reicht! Es reicht!

RINA Und dann, als ich hörte, dass sie den Anschlag planten, dass sie in das Artilleriedepot wollten, dass sie wirklich glaubten, den General mit diesen kümmerlichen Bomben aufhalten zu können, da habe ich mich an die Herrschaften gewandt. Er war mein einziger Sohn! Ich habe alles für ihn getan. Aber er wollte ja frei sein, und was fiel ihm als Erstes ein, als er glaubte, frei zu sein? Eine Bombe zu bauen und das Depot in die Luft zu sprengen! Ihr verdammten Anarchisten, ihr gehört alle bei Geburt ertränkt, wie missratene Katzenbabys! Ihr habt keine Ahnung, was es bedeutet zu lieben! Luci, ich sehe noch keine Abdrücke. Die braucht sie aber! Damit sie sich das nächste Mal, wenn ihr nach Freiheit zumute ist, ihre Striemen ansehen kann. Ich wollte ihn am Leben halten!

KAELA Du hast ihn getötet! Nur du, und niemand anderes! Du bist zu deinem einzigen und wahren Herrscher und hast ihn angefleht: »Herr General, sagen Sie mir, was ich tun soll. Ich stehe am Abgrund, retten Sie mich! Helfen Sie mir! Ich beschwöre Sie, bei meiner Treue und Loyalität, die mich vor allen Gräueln Augen und Mund hat verschließen lassen! Ich flehe Sie an, bitte, retten Sie meinen missratenen Sohn!«

Rina entreißt Luci das Tuch und beginnt ihrerseits auf Kaela einzuschlagen.

KAELA Du hast dein Kind getötet! Kein Henker, nicht einmal dein geliebter Herr, hat es getan, du, ganz allein du, Rina! Ja, schlag zu und leb damit!

RINA Der Herr General versprach mir, dass er unversehrt bliebe, wenn er ihnen die anderen ausliefern würde. Doch er hat geschwiegen. Er hat seine Freunde nicht verraten. Mein Junge, mein einziger Junge.

Rina bricht zusammen. Kaela ebenso.

LUCI Hört auf! Bitte, hört auf! Ihr seid krank. Ihr seid krank!

RINA Sie haben ihm alle Zähne ausgeschlagen. Sie haben ihm die Fingernägel abgezogen. Sie haben ihn unter eiskaltes Wasser gestellt und dann mit brühend heißem Wasser übergossen. Sie haben ihm den Kopf geschoren und ihm mit glühenden Zangen die Haut durchbohrt. Sie haben ihm die Rippen gebrochen. Die Nase. Die Arme. Aber *ihn* haben sie nicht brechen können. Sie haben ihm solche Schläge verpasst, dass er sich davon nicht mehr erholt hat.

Rina neben Kaela auf dem Boden. Sie würgt, ohne sich erleichtern zu können. Sie muss alles hinunterschlucken. Luci rennt hinaus.

7. Stumme Schwester

Kaela schrubbt den Boden. Luci trägt ihr den Eimer hinterher.

LUCI Sie haben mir versprochen, mich von hier weg zu bringen. Ich habe mein Versprechen gehalten, jetzt müssen Sie Ihres halten.
KAELA Willst du allen Ernstes hier raus? Hörst du nicht, was da draußen los ist?
LUCI Wie sollte ich? Es gibt keinen Fernseher, kein Radio mehr in diesem Haus. Ich höre nur euch zwei, alles andere ist verstummt.
KAELA Sie werden dich lynchen!
LUCI Es ist mir egal. Ich will zu meiner Schwester.
KAELA Und deine Schwester, meinst du, die sitzt noch da, auf ihrer niedlichen Farm, und wartet, bis du kommst, damit sie endlich ihre Ausreisegenehmigung beantragen kann?
LUCI Ich werde sie finden. Sie sucht mich längst. Solange wir unsere Eltern nicht gefunden haben, müssen wir …
KAELA Was für Eltern, Luci, was für Eltern? Kapier doch endlich! Wach auf! Es gibt keine Eltern mehr, bald gibt es auch keine Kinder mehr!

Rina kommt herein.

RINA Wieso ist der Flur noch nicht gewischt?
KAELA Tut mir leid, Rina. Luci will uns verlassen, und ich versuche sie aufzuhalten.
LUCI *zu Kaela* Warum tun Sie das? Warum?
RINA Du willst fort? Wohin denn?
LUCI Zu meiner Schwester.

RINA Ach, wie entzückend. Und wie glaubt Luci, unbeschadet an der Menschenmenge dort draußen vorbei zu kommen?

KAELA Sie hofft, dass ein Freund von mir kommt und sie unbemerkt aus dem Haus schleust.

RINA Ah. Verstehe. Und hat Luci auch schon mal darüber nachgedacht, dass kein Mensch, der noch bei Verstand ist, hierher kommen würde?

KAELA Nun, das habe ich ihr auch zu erklären versucht.

LUCI Du bist … Du bist … Ihr seid beide …

RINA Na, na, na. Ausnahmezustand hin oder her, in diesem Haus wird ein guter Umgangston gepflegt.

LUCI Ihr seid krank. Ihr beide seid einfach nur krank.

RINA Fort will also unsere Luci, fort von uns zwei Kranken.

KAELA Ja, sieht so aus.

RINA Was können wir tun, Kaela, um sie an ihrem Vorhaben zu hindern? Oder ist es uns egal, dass man sie noch vorm Haus niedermetzeln wird? Was meinst du?

LUCI Es ist mir egal, was kommt. Ich habe meine Sachen schon gepackt.

KAELA Schade, Luci-Bussi.

LUCI Hör auf, mich so zu nennen! Hör bitte auf damit!

RINA Dann bleibt uns nichts anderes übrig, als ihr die Wahrheit zu sagen, was, Kaela?

KAELA Sehe ich genauso.

LUCI Was für eine Wahrheit?

KAELA Deine Eltern sind tot.

RINA Deine Eltern sind tot, Liebchen.

KAELA Die Herrschaften sind penibel, wenn es darum geht, wen sie sich ins Haus holen, und Rina, mit ihren Adleraugen, schaut sich die Unterlagen sehr genau an.

LUCI Hört auf. Bitte.

RINA Ich bin zu der netten Dame von der Flüchtlingshilfe und habe mir deine Geschichte ausführlich erzählen lassen.

KAELA Oh ja, ich weiß noch genau, wie aufgewühlt du zurückgekommen bist, von diesem deprimierenden Treffen.

LUCI Sie sind nicht tot!

RINA Die schlimmen Erinnerungen. Damit kennen wir uns gut aus, nicht wahr, Kaela? Ich nehme es deiner Schwester nicht übel, dass sie dich in deinem Irrglauben gelassen hat.

LUCI Ihr lügt, ihr lügt, ihr lügt!

KAELA Da müssen wir wohl mehr ins Detail gehen, was, Rina?

RINA Ja, das müssen wir wohl. Erinnerst du dich an die Nacht eurer Flucht, Schätzchen?

LUCI Es geht euch einen Dreck an, woran ich mich erinnere!

KAELA Sie kamen nachts. Als eine von wenigen Familien wart ihr geblieben. Aber dann hieß es, ihr müsstet auf der Stelle das Dorf räumen. Sie stünden schon an der Grenze. Ihr habt schnell das Nötigste zusammengepackt – doch es war schon zu spät.

RINA Du musst vom Baby erzählen!

KAELA Ja, das Baby. Das Baby vom Hort deiner Mutter. Sie war doch so kinderlieb.

RINA Sie muss sehr kinderlieb gewesen sein. Als die Bomben fielen, nahm sie die verwaisten Kinder bei sich auf. War es ein Junge, das Baby?

KAELA Ein Junge, ja. Ein paar Monate alt, glaube ich. Seine Eltern waren gleich zu Kriegsbeginn gestorben. Eine Bombe, oder?

RINA Nein, nein. Der Vater war bei einem Einsatz ums Leben gekommen, die Mutter bei einem Brand.

KAELA Du hast wirklich ein phänomenales Gedächtnis, das muss man dir lassen, Rina!

RINA Deine Mutter trug das Baby stets bei sich. Alle anderen Kinder waren abgeholt worden. Oder sie hatte sie an Hilfsorganisationen übergeben, in der Hoffnung …

KAELA Ja, in der Hoffnung.

RINA Aber dieses Baby war ihr ans Herz gewachsen.

KAELA So richtig.

RINA So richtig. Und vor allem, nachdem ihr eigener Sohn gefallen war.

KAELA Ja, da klammerte sie sich umso mehr an den Winzling.

RINA Sie kamen im Morgengrauen.

KAELA Sie kamen von allen Seiten. Sie umzingelten das Dorf, sie zündeten die Häuser an. Sie feierten, ja, sie feierten und tranken und sangen und sangen und tranken und feierten.

Luci hält sich die Ohren zu.

KAELA Als dein Vater versuchte seine Familie zu beschützen, schossen sie auf ihn, vor den Augen seiner Frau, vor den Augen eurer Mutter schossen sie auf ihn. Sogar die Hunde und das Vieh, das noch übrig geblieben war, haben sie getötet. Einfach so, aus Spaß.

RINA Einfach so aus Spaß. Deine Schwester hatte dich und das Baby im Laderaum des Lasters versteckt. Sie hielt dir die Ohren zu, und dem Baby den Mund.

KAELA Dann hieß es, alle sollten sich in der Turnhalle des Dorfes versammeln.

RINA Dort, wo früher dein Bruder trainiert hatte.

KAELA Was hat er eigentlich genau trainiert?

RINA Er hat geboxt, glaube ich. Muss ziemlich gut gewesen sein.

KAELA Alle sind in der Turnhalle zusammen getrieben worden. Deine Mutter aber befahl euch, im Laster zu bleiben. Und deine Schwester hörte auf sie. Die ganze Nacht, wie Vieh zusammen gepfercht, ohne Wasser, ohne Nahrung, hielten sie die Leute in der Halle eingesperrt.

RINA Als vermehrt Schüsse fielen, wussten sie, dass etwas im Gange war. Die Menschen in der Turnhalle gerieten in Panik, aber ein paar, die noch halbwegs bei Verstand waren, begriffen, dass eure Soldaten gekommen waren. Das war die Chance. Die Chance, sich zu retten.

LUCI *fängt zaghaft an zu sprechen* Die Soldaten, die Wache gehalten hatten, waren plötzlich weg, meine Schwester nahm mich an die Hand, drückte das Baby fest an sich, und wir krochen hinaus. Da sahen wir schon unsere Mutter auf uns zu rennen. Sie und die anderen, die sich hatten befreien können. Jemand schlug vor, den Waldweg zu nehmen, der zwar hügelig und dunkel war, aber doch sicherer als die Straßen. Ein paar Männer hatten dort früher gejagt, sie kannten sich aus. Meine Mutter nahm das Baby an sich. Wie durch ein Wunder schafften wir es aus dem Dorf. Je weiter wir gingen, desto leiser wurde es um uns herum, die Schüsse klangen immer ferner, und auch der Brandgeruch ließ nach.

RINA Wir liefen mechanisch, wir blieben nicht stehen, wir schauten nicht zurück. Wir wollten nicht in Erinnerung behalten, was hinter uns lag. Diese Erinnerung sollte nicht die an unser Zuhause ersetzen.

KAELA Wir hofften den Wald durchqueren zu können, in der Nacht und im Morgengrauen. Ach, ich weiß nicht mal, wohin wir zu kommen hofften.

LUCI Als wir die Lichtung erreichten – ich erinnere mich gut an den Ort, ganz in der Nähe gab es einen Wasserfall, wo ich als kleines Mädchen immer gebadet hatte –, dort, an dieser Stelle, hörten wir sie. Erst ein Geraschel, dann Motorengeräusche, wir sahen sie nicht, wir hörten sie nur. Es war eine feindliche Sonderbrigade, die denen im Dorf zu Hilfe eilte.

KAELA Jemand rief, er kenne eine Abkürzung, wir sollten uns links halten, über die Schlucht, über den Fluss.

LUCI Der Fluss war wild. Man konnte darin nicht schwimmen, so reißend war er. Vor dem Krieg hatten sie noch eine Hängebrücke angebracht, da die kleineren Brücken direkt am Fluss eingestürzt waren, der Fluss hatte sie bei Regen mitgerissen. Und nun marschierten wir alle zu der Hängebrücke. Meine Mutter hinter mir. Mit dem Baby auf dem Arm. Die Männer trieben uns an, der Fluss war laut, und wir konnten nichts sehen. Wir wussten nicht, worauf wir traten. Die Alten hielten sich an den Händen, wie ein blinder Schulchor, der gleich seinen Auftritt hat, gingen sie mit zaghaften Schritten voran.

RINA Und die Scheinwerfer. Auf einmal waren sie nah, ganz nah, sie leuchteten wie die Augen eines tollwütigen Tiers. Jemand schrie auf. Die, die rennen konnten, fingen zu rennen an, die Brücke begann zu wackeln.

KAELA Mutter schrie: »Langsam, langsam … Wir stürzen noch alle ab!« Der Fluss übertönte alles.

LUCI Und die anderen schrien: »Beeilt euch, sie kommen, sie sind gleich da, hier, hier, die Autoscheinwerfer, sie werden gleich schießen!« Mutter sagte immer wieder, ich solle vorsichtig weitergehen, nicht stehen bleiben, nicht nach hinten sehen. Ich achtete auf ihre Stimme. Ich sah mich nicht um. Meine Augen suchten den Rücken meiner Schwester, die vor mir ging. Ich hatte solche Angst.

RINA Und ich spürte, wie die Hängebrücke immer wackeliger wurde, ich versuchte das Gleichgewicht zu halten.

KAELA Ich versuchte nach vorne zu schauen.

LUCI Ich hörte meine Mutter aufschreien, ich hörte sie stolpern, ich hörte sie jaulen wie ein angeschossenes Wild, ich traute mich nicht, mich umzusehen.

RINA Ich konnte nicht.

KAELA Ich wollte nicht.

LUCI Aber ich rief nach ihr. »Vorsicht«, oder etwas in der Art, etwas Nichtsagendes, Harmloses. Und dann kam der Schrei. Und ich wusste es. Ich wusste genau, was passiert war. Und ich drehte mich um.

RINA Sie rief: »Mein Baby, mein Baby!« Und ich sah, wie sie versuchte über das Seil zu klettern, das das Geländer ersetzte, ich sah, wie sie schon ein Bein darüber gehoben hatte, aber ich hielt sie auf. Es wäre sinnlos gewesen, bei der reißenden Strömung.

LUCI Das Baby. Ich habe es fallen lassen. Mein Baby!

KAELA Schrie sie.

RINA Ich hielt sie fest.

LUCI Ich hätte sie gehen lassen sollen.

RINA Ich hätte mit ihr gehen sollen.

LUCI Das Baby, meine Mutter, ich. Uns an den Händen haltend. Durch Dunkelheit und Tiefen. Dann hätte ich nichts mehr sehen müssen. Nichts mehr.

RINA Von dem, was danach kam.

LUCI Zwei Tage und drei Stunden später, noch ehe wir das Lager erreichten, stellte sie sich inmitten eines Gefechts auf die Straße und ließ sich durchlöchern. Ich stand an einer Hausecke. Meine Schwester hielt mir die Augen zu.

KAELA Aber ich sah durch ihre Hände hindurch, als wären sie durchsichtig, ich sah …

LUCI Wie die Kugeln durch meine Mutter hindurch flogen, wie durch etwas, das aus Luft und Wasser gewebt ist. Zwölf Kugeln waren es insgesamt.

RINA Sie blieb auf der Straße liegen. Niemand konnte sie von dort wegholen. Niemand traute sich dorthin. Es blieb keine Zeit, wir mussten weiter.

KAELA Deine Schwester hielt dir die Augen zu.

RINA Fest.

KAELA Sehr fest.

8. Die Herrschaften

Kaela, als General verkleidet, und Rina, als seine Frau, sitzen um einen festlich geschmückten Tisch, aber Töpfe und Schüsseln sind leer. Luci, in einem Dienstmädchenkleid, bedient sie, deckt den Tisch ein. Von draußen hört man wiederholt Schüsse. Sie werden immer lauter. Kaela schenkt Rina Wasser ein und küsst ihr die Hand.

RINA *als Generalsgattin* Köstlich, köstlich, mein Lieber. Du hattest schon immer einen vorzüglichen Geschmack! Was für ein fruchtiger, besonderer Wein!

KAELA *als General* Zur Feier des Tages, dachte ich, sollten wir diesen Schatz heben. Ich habe ihn für einen besonderen Tag aufgehoben. Für heute, für uns!

RINA *als Generalsgattin* Wie aufmerksam von dir!

KAELA *als General* Du verdienst nur das Beste vom Besten, meine Königin.

RINA *als Generalsgattin* Ich habe bereits das Beste vom Besten: dich.

KAELA *als General* Auf uns!

RINA *als Generalsgattin* Auf uns!

KAELA *als General* Prost, meine Wunderschöne! Heute vor genau 18 Jahren gaben wir uns das Jawort, und in all den Jahren warst du die stolze Königin an meiner Seite, die mutige und kühne, vor allem aber demütige, gerechte und einfühlsame Mutter unserer Nation! Du verdienst, dass man dich verehrt und anbetet, meine Königin! Das Volk liebt dich nicht minder, als ich es tue!

RINA *als Generalsgattin* Du lässt mich erröten, Liebling!

KAELA *als General* Und ich wünsche mir, dass wir noch viele weitere Jahre in Glück und Frieden voranschreiten können, Seite an Seite. Denn nur so können wir auch unserem Volk Frieden, Wohlstand und Zufriedenheit gewähren.

RINA *als Generalsgattin* Wie recht du hast, mein General!

KAELA *als General* Doch nicht für dich, meine Schöne! Außerhalb dieser vier Wände mag ich Herrscher sein, hier aber bin ich dein ergebenster Diener!

RINA *als Generalsgattin* Möge unser Volk glücklich und zufrieden leben! Du, mein Gatte, wirst schon dafür sorgen! Denn du hast dich stets um das Wohl der anderen gekümmert und … He, Luci, Luci, wo bleibt das Hummerbesteck? Oder sollen wir ihn etwa mit Messer und Gabel essen?

KAELA *als General* Luci-Bussi, wo bleibt das Besteck? Stimmt etwas mit deinen Ohren nicht?

LUCI Ich hole es gleich.

KAELA *als General* Wie muss es richtig heißen?

RINA *als Generalsgattin* Na, wie müsste es richtig heißen, meine Liebe: Ich hole es gleich, Herr …

LUCI General.

RINA *als Generalsgattin* Oder gnädiger Herr.

KAELA *als General* Gnädiger Herr gefällt mir besser. Na, was stehst du hier so rum? Was glotzt du uns so an?

LUCI Hört auf! Es gibt keinen Hummer! Die Vorräte sind leer! Es gibt gar nichts mehr!

RINA *als Generalsgattin* Was redet sie da? Liebling, was quasselt diese unerzogene Göre?

KAELA *als General* Das wüsste ich auch gern, meine Schöne.

RINA *als Generalsgattin* Hier, in diesem Haus, in unserem Haus sollen die Vorräte leer sein?!

Rina und Kaela lachen. Luci geht wieder raus.

KAELA *als General* Seien wir nachsichtig mit dem armen Geschöpf, Not und Elend hat sie erleiden müssen, da können wir es ihr nicht verübeln, dass sie dummes Zeug redet!

RINA *als Generalsgattin* Ach, ich weiß auch nicht, manchmal denke ich, unsere Gutmütigkeit bekommt nicht jedem.

KAELA *als General* Sei nicht so fatalistisch! Du hattest schon schlimmere Fälle – und hast es doch immer geschafft, sie zu besseren Menschen zu machen!

RINA *als Generalsgattin* Ich danke dir, Liebling, trotzdem stoße auch ich an Grenzen.

KAELA *als General* Aber du doch nicht! Wem hast du nicht schon alles geholfen?

RINA Wo ist die Waffe?

KAELA *als General* Aber wir können das dumme Ding ja nicht einfach in ihre Heimat zurück schicken. Gibt es das Land eigentlich noch, aus dem sie stammt?

RINA *sucht in ihrer Tasche* Wo ist die verdammte Waffe, Kaela?

KAELA Ich dachte, du hättest sie. Du hast doch Luci erst gestern damit in die Speisekammer getrieben?

RINA Ich musste sie bestrafen, weil sie wieder einmal versucht hat, die Tür aufzusperren. Was hätte ich tun sollen? Ihr tatenlos dabei zusehen?

KAELA Ich habe ja nichts gegen deine Erziehungsmethoden gesagt, ich habe nur eine Feststellung gemacht.

RINA Immerhin habe ich sie nicht zwei Stunden auf nackten Knien auf Reiskörnern herumkriechen lassen, wie du neulich!

KAELA Ich habe dir doch nichts vorgeworfen!

RINA Ich sehe doch, wie du mich ansiehst, als hätte ich dem armen Kind etwas angetan. Es war eine Vorsichtsmaßnahme, nichts weiter!

KAELA Mein Gott, dein Misstrauen wird dich eines Tages noch ins Grab bringen. Ich habe dir doch keine Vorwürfe gemacht! Natürlich hast du sie strafen müssen.

RINA Ich versuche sie bloß zu erziehen.

KAELA Ist ja gut.

RINA Ich meine ja nur.

KAELA Weiß ich doch.

RINA Ich erziehe sie. Du strafst sie, weil es dir Spaß macht.

KAELA Was redest du da? Gestern erst hat sie versucht aus dem Fenster zu klettern.

RINA Wir haben uns darauf geeinigt: keine Spielchen mehr, Kaela, hast du mich verstanden?

KAELA Krieg dich wieder ein, verdammt! Wo ist die Waffe?

RINA Ich hatte sie hier … Sie ist weg.

KAELA Du hattest sie doch die ganze Zeit bei dir?

RINA Jetzt ist sie halt weg! Spiel mit mir keine Spielchen, Kaela! Gib sie mir zurück.

KAELA Ich habe sie nicht! Wie und vor allem wann hätte ich sie denn nehmen sollen? Was siehst du mich so an?

RINA Du kannst es wohl nicht sein lassen, was?

KAELA Du bist wahnsinnig!

RINA Ich bin also wahnsinnig, ja? Ich? Gib sie wieder her!

KAELA Das kleine Drecksstück hat sie!

RINA Gib sie sofort her!

KAELA Ich schwöre dir, Rina, sieh mich an, das ist wirklich kein Spaß, wir müssen sie schleunigst finden und ihr die Waffe wegnehmen, sie ist ganz wirr, sie könnte damit Dummheiten anstellen, sieh mich an, Rina, ich habe sie nicht! Rina, komm schon, wir müssen … Wir müssen sofort …

Sie erheben sich langsam. Aber im Hintergrund hört man bereits Schritte. Lucis Schritte.

Schönheit

Für N.B.

Personen

DIE GRÄFIN ERZSÉBET BÁTHORY
ARANKA, *erste Zofe*
CSILLA, *zweite Zofe*
AKOS
HORVAT DRUGETH, *Ratsherr aus Čachtice*

Es ist beabsichtigt, dass Handlungszeit und -elemente konträr zu der Figurensprache stehen. Wünschenswert wäre, das Stück in der Gegenwart anzusiedeln.

»Who's prepared to pay the price
For a trip to paradise?«

Cole Porter, »Love for Sale«

PROLOG. DIE LEGENDE ODER DIE FAKTEN ODER BEIDES ODER WEDER NOCH

Im Jahre 1611 wurde die reiche und mächtige ungarische Gräfin Erzsébet Báthory auf ihrer Burg verhaftet und wegen vielfachen Mordes an ihren Dienerinnen und anderen jungen Frauen angeklagt. Sie wurde unter Hausarrest gestellt und starb drei Jahre später. Es wurden zwei Prozesse gegen sie geführt, in denen sie sich nicht äußern durfte und keine Verteidigung zur Seite gestellt bekam. Ihr wurde vorgeworfen, mehrere Dutzend junger Frauen, bevorzugt Jungfrauen, gefoltert und getötet zu haben, um sich mit deren Blut zu verjüngen. Der Legende nach soll sie sich damit gesalbt und darin gebadet haben. Aber auch eine Intrige seitens der Habsburger und des ungarischen Adels, angeführt von Georg (Horvat) Drugeth, ist nicht auszuschließen. Sie könnte zum Ziel gehabt haben, Erzsébets Macht zu schwächen und an ihr Erbe zu gelangen. Den Quellen zufolge soll die Gräfin »exzentrischer, exzessiver und mannsgleicher« gewirkt haben als viele männliche Adelige ihrer Zeit. Nach ihrer Verhaftung wurde ihr Erbe zwischen Drugeth und ihrem Sohn Paul aufgeteilt.

1.

In einer Burg. Die Zeit vergeht langsam und die Nächte zerfallen in kleine Fetzen von Traurigkeit. Man hört die Welt husten.

ARANKA Sie langweilt sich.
CSILLA Sie langweilt sich.
ARANKA Sie langweilt sich.
CSILLA Ja. Nun. Auch ich langweile mich. Wir sind ja schließlich am Arsch der Welt. Was soll man schon tun in diesem Provinznest, in Čachtice? Es ist zum Ersticken. Nichts Schönes.
ARANKA *Sie* aber ist schön. Mit den Jahren ist sie sogar noch schöner geworden, findest du nicht?
CSILLA Ich mag sie nicht, die Art, wie sie schön ist. Mich macht die verrückt. Sie hat eine Schönheit, die an Hässlichkeit grenzt.
ARANKA Vorhin, da ließ sie Wachteln braten, ließ Wein kommen, ließ mich ihre Kleider ablegen und aß nackt. Splitterfasernackt. Und dann sagte sie, ich solle ihr die Haare schneiden. Ganz kurz. Ich tat es. Und das bei ihrem schroffen Gesicht! Sie legte sich ins Bett, befahl mir, bei ihr zu bleiben und ihr etwas zu erzählen, bevor sie einschlafe. Der achtzehnte Todestag ihres Mannes sei heute, sagte sie mir. Ich habe gar nicht daran gedacht und mich gewundert, dass sie es tat. Sie denke oft an ihn, in letzter Zeit, auch wenn es nicht die Art Liebe gewesen sei, von der sie als junges Mädchen geträumt habe. »Ich habe lange dem Land gedient, den Mächtigen«, so sagte sie: »Bis heute sprechen alle vom Reichtum meines Mannes, dabei bin *ich* es gewesen, die sein Vermögen verzehnfacht

hat. Die sich abgerackert und die Güter verwaltet hat, Königen ihre Kriege finanziert hat. Auch gegenüber der Kirche bin ich großzügig gewesen. Nichts habe ich mir zu Schulden kommen lassen, und was habe ich nun davon? Allein sitze ich hier, in dieser Burg, seit die Kinder aus dem Haus sind: *sie* unter der Haube, endlich, und *er* in Wien, in sein Wissenschaftsstudium vertieft. Wie eine Eidechse krieche ich herum, rau und langsam, nutzlos komme ich mir vor«.

CSILLA All das hat sie dir erzählt?

ARANKA Merkwürdig, nicht? Sie hat lange nicht mehr so viel gesprochen. Sie ist müde und ausgelaugt, und daran kann sie sich nicht gewöhnen.

CSILLA Was hast du ihr geantwortet?

ARANKA Dass sie eine große Frau ist, und dass der Alterssitz in der Abgeschiedenheit ihr nicht gut tue. Dass sie versuchen soll, wieder in die Politik zu gehen, wenn auch nicht mit Haut und Haar, wie früher.

CSILLA Und?

ARANKA Ich will mich doch nicht lächerlich machen. Sagte sie. Ausgedient habe ich, wie ein alter Gaul, das hat man mir zu verstehen gegeben. Aber ich werde mich nicht um irgendwelche mickrigen Dorfangelegenheiten kümmern. Ich fange doch nicht an, Debatten über Froschwanderungen zu führen …

CSILLA Dass du ihrer nicht überdrüssig wirst. Wie lange bist du schon bei ihr, Aranka? Willst du nicht ein wenig Spaß haben? Für dich? Du bist so gescheit, du könntest in der Stadt leben, statt in dieser Einöde zu verkümmern. Ich bleibe noch genau elf Monate und neun Tage, mehr nicht, dann bin ich über alle Berge, schneller als du gucken kannst. Bis dahin sucht mein Milos uns eine Bleibe. Sein Meister bescheinigt ihm ein goldenes Händchen. Und wenn Milos sich weiter so bewährt, wird er bald genug Geld haben, dass wir zusammenziehen können, richtig wie Mann und Frau, weißt du? Vielleicht sogar nach Budapest. Ja, man sagt, in den Städten fehle es an gutem Handwerk.

ARANKA Die wichtigsten Dinge in meinem Leben verdanke ich ihr. Sie hat mich unterrichten lassen, hat mir Geschenke gemacht. Ich brauche niemand andern. Und wenn dann auch du fort bist, bleiben nur wir zwei, sie und ich. Wir werden reisen, wie früher, sie wird mir die Welt zeigen und von alten Zeiten erzählen. Wie zwei Freundinnen werden wir sein: keine Nähe, die auf Not basiert, sondern eine freiwillige Nähe, eine, die sie suchen wird. Sie wird das Herrische ablegen, da sie auf mich angewiesen ist, und dann, vielleicht …

CSILLA Wie du manchmal von ihr redest! Jahrelang hast du zugesehen, wie sie mit ihren Angestellten umgesprungen ist, sogar mit ihren Kindern. Kalt, distanziert, von oben herab. Immer schaut sie so finster drein, als erwarte sie gleich das Schlimmste. So hat es Milos beschrieben, dabei hat er sie nur von weitem gesehen. Besuch darf man hier ja nicht empfangen, sollen ja alle leben wie im Kerker.

ARANKA Milos hier, Milos da. Du sollst nicht ständig nachplappern, was Männer so alles erzählen. Sie tun nur gescheit, sind es aber nicht.

CSILLA Weil du ja auch so viele von ihnen kennengelernt hast, was?

ARANKA Ich kenne ihre Gedanken und ihr Wesen, ich kenne ihre Ängste, und ihre Lüste errate ich meist auch. Das genügt. Ihre Körper muss ich nicht auch noch kennen.

CSILLA Was nutzt dir das ganze Wissen, wenn dir das Schönste doch entgeht?

ARANKA Wir werden ja sehen, ob dein Milos seine Versprechen auch hält.

CSILLA Natürlich wird er das! Elf Monate und neun Tage – dann ist er selber Meister, und ehe du dich versiehst, bin ich weg, mit einem Verlobungsring am Finger auf dem Weg nach Budapest, und dann, erst dann werden dir die Augen aufgehen und du wirst begreifen, dass sie nichts und niemanden braucht, selbstgenügsam, wie sie ist. Ich meine, sie könnte in den schönsten Städten der Welt leben, und wo hockt sie? Hier, in dieser Einöde. Ich bin in dieser Gegend aufgewachsen, Aranka, und ich sage dir: Hier lässt sich nicht leben. Schon gar nicht zu zweit.

2.

Dämmerung, um die Erhabenheit des Trübsals zu unterstreichen. Die Haut spannt, und die Erinnerungen pochen an die Lider.

HORVAT Gute Nachrichten haben mich erreicht, Gräfin. Ihre frisch vermählte Tochter macht von ihrer Schönheit reden, und Ihr Sohn soll bald ein Mann der Wissenschaften werden. Was kann man sich als Mutter mehr wünschen?

ERZSÉBET Als Gräfin wünschte ich, dass man wertzuschätzen weiß, was ich für Čachtice leiste. Vor allem Sie, Horvat, und Ihre Leute.

HORVAT Genau deshalb bin ich hier, um Ihnen den Dank der Bürger zu übermitteln. Man verehrt Sie von Piestany bis Neutra. Über die Landesgrenzen hinaus haben Sie den Namen Ihres Mannes, Gott hab ihn selig, in Ehren gehalten, haben seine Geschäfte fortgeführt und …

ERZSÉBET Meine Geschäfte, Horvat, meine. Aber Sie sind wohl nicht nur hier, um mir zu schmeicheln.

HORVAT Ich möchte Ihnen einen Vorschlag unterbreiten. Da Sie, wie ich höre, vorhaben in Čachtice zu überwintern, dürfte er Ihnen gelegen kommen. Es war ein gutes Jahr. Und so dachten wir, dem Volk in dem strengen Winter eine Freude zu machen. Natürlich liegt es an Ihnen, ob …

ERZSÉBET Kommen Sie zum Punkt.

HORVAT Zum neuen Jahr möchten wir ein großes Fest veranstalten. Mit erlesenen Speisen und gutem Wein, mit Turnieren und Wettkämpfen, mit Darbietungen und allem, was unsere Bürger …

ERZSÉBET Meinetwegen.

HORVAT Sie sind schon einverstanden?

ERZSÉBET Wie lange kennen wir uns, Horvat? Ich muss Sie nicht ausreden lassen, um zu wissen, worauf Sie hinaus wollen. Dem Volk sei das Vergnügen gegönnt. Doch vermute ich, Ihnen ist deshalb an meinem Einverständnis so gelegen, weil Sie sich einen Zuschuss erhoffen. Und das sei *Ihnen* gegönnt.

HORVAT Sie werden es nicht bereuen. Sie werden unsere Schirmherrin sein, und wir werden auch Ihren Sohn anschreiben, damit er uns die Ehre erweist.

ERZSÉBET Er wird Ihnen nur dann die Ehre erweisen, wenn ich seine monatlichen Zuwendungen erhöhe, was ich nicht zu tun gedenke. Lassen Sie Paul in

Ruhe. Er ist vollauf damit beschäftigt, sich zu einem kapriziösen, gepuderten Schnösel zu entwickeln. Und das sei *ihm* gegönnt.

HORVAT Ihr Stolz, sehe ich, ist ungebrochen.

ERZSÉBET Warum auch nicht? Ich werde nicht zulassen, dass er bricht, im Gegenteil: hegen und pflegen werde ich ihn, denn wenn ich mich umsehe, so gibt es wenig, worauf ich nicht stolz sein kann. Oder kommt das einer Frau nicht zu, stolz zu sein? Ist das Ihr Vorrecht, das der Herren?

HORVAT Ich wage nicht, Ihnen zu widersprechen, denn alle wissen, dass Sie mannsgleiche Klugheit besitzen.

ERZSÉBET Das tut mir leid, Horvat, wenn Sie so denken, denn es bedeutet, dass Sie allzu selten eine kluge Frau getroffen haben. Aber jetzt bin ich müde, denn meine Verfassung ähnelt dem Wetter dort draußen. Sie können gehen.

HORVAT Und doch möchte ich noch eine Minute Ihrer Zeit beanspruchen.

ERZSÉBET Was denn, Horvat, was noch?

HORVAT Ein Herr aus Budapest wurde einbestellt, um das Fest vorzubereiten. Ein Schauspieler von Beruf, der sogar am Hof gespielt hat. Er bittet Sie um eine Audienz.

ERZSÉBET Da er schon einbestellt wurde, ging man wohl davon aus, dass ich zustimme.

HORVAT Aber nein …

ERZSÉBET Verschonen Sie mich. Ist denn Ehrlichkeit so viel verlangt in diesem verdammten Land? Hat es sich noch nicht herumgesprochen, dass ich niemanden dafür bestrafe, im Gegenteil? Langweilig ist das alles. Öde, zäh und langweilig. Wann gedenkt dieser Schauspieler mich zu besuchen?

HORVAT Übermorgen könnte er hier sein, wenn es Ihnen recht ist.

ERZSÉBET Dann also morgen. Wenn Sie schon so erpicht darauf sind, dass Sie meine Zustimmung nicht abwarten konnten, so soll auch er sich beeilen.

3.

Erzsébet vor dem Spiegel. Dahinter könnte sich eine Tür verbergen, die ins Freie führt, aber wie gelangt man dorthin? Die Wege in die Glaswelten sind voller Scherben. Erzsébet betrachtet sich und ihr kurzgeschorenes Haar. Aranka steht hinter ihr.

ARANKA Bedrückt Sie etwas?

ERZSÉBET Mich bedrückt immer etwas, seit ich in diesem verfluchten Kerker sitze.

ARANKA Aber dann lassen Sie uns doch verreisen. Wir könnten in die Sonne. Wir könnten Ihre Kinder besuchen. Wir könnten dem Winter entfliehen.

ERZSÉBET Was sollte ich sehen, was ich nicht schon gesehen habe? Schau mich an: meine Augen farblos, mein Körper vernarbt und mir selber fremd. Es ist merkwürdig, ich rieche sogar fremd, ich habe das Gefühl, ein Museum meiner selbst zu sein.

ARANKA Jede Falte, jede Narbe an Ihnen erzählt Geschichten, die ich kenne. Das finde ich schön.

ERZSÉBET Dass du so denkst, liegt daran, dass du noch ein paar Jahre vor dir hast. Dass du dich noch jung wähnst.

ARANKA Die hier zum Beispiel stammt von dem Unfall im Bad, als Sie ausgerutscht sind, hier haben Sie sich verbrannt, als wir in Paris waren, die hier gibt es nur, weil Sie beim Lachen immer dieselbe Stelle beanspruchen …

ERZSÉBET Du solltest dir auch ein paar Falten und Narben zulegen, deinen Körper zum Leben auffordern.

ARANKA Sie beschämen mich.

ERZSÉBET Welche Farbe hat die Seele? Existiert sie überhaupt, oder ist man nur ein Haufen Luft und Worte, eingesperrt in einen Körper? Hast du darüber mal nachgedacht? Ich frage mich, wozu das alles, wenn es doch darauf hinausläuft, wie eine Februarpfütze zu enden, farblos und trüb? Dabei ist noch etwas, hier, hier drinnen, etwas, das mehr will, das nach mehr schreit und mich von innen verbrennt.

ARANKA Sie machen sich zu viele Gedanken. Sie sind nicht alt. Sie brauchen Zerstreuung und vielleicht bald wieder eine Aufgabe. Früher waren Sie immer beschäftigt, kaum eine Minute für sich, und nun ist es umgekehrt. Sie haben zu viel Zeit. Doch glauben Sie mir, es gibt Unzählige, die Sie um eine solche Altersruhe beneiden.

ERZSÉBET Ich dachte, ich bin nicht alt?

ARANKA Kommt darauf an, für was.

ERZSÉBET Für das Leben.

ARANKA Es ist nur ein anderes als das bisherige.

ERZSÉBET Warum? Bin ich blind und taub geworden? Nicht mehr klar im Kopf? Bin ich vergesslich geworden? Lahm? Träge? Nichts an mir hat sich verändert, es sind nur die Augen der anderen, die mich anders sehen. Ist es nicht so? Sag mir, was an mir anders sein soll als früher? Als gestern, als vor einem Jahr, als vor zehn Jahren? Du kennst mich, seit du ein Kind warst. Sag es mir.

ARANKA Die Zeiten selbst sind es, die sich geändert haben. Früher, da haben Sie keine Kompromisse gemacht. Sie wollten alleine schalten und walten, alleine Entscheidungen treffen, aber nun ist es anders. Die Art zu entscheiden ist eine andere.

ERZSÉBET Siehst du meinen Kopf, Aranka? Fahl und durchsichtig ist er, als könnte jeder meine Gedanken lesen.

ARANKA Beginnen Sie ein neues Leben, Sie haben alles, was Sie dafür brauchen.

ERZSÉBET Schon wieder schneit es, es ist nicht zum Aushalten. Der Schnee versetzt meinen Körper in stumme Trägheit. Ich brauche Feuer. Zum Abendessen hätte ich gern eine Brombeertorte, richte das in der Küche aus.

ARANKA Aber wo jetzt Brombeeren hernehmen? Zu dieser Jahreszeit?

ERZSÉBET Egal, eine Brombeertorte. Mit viel Sahne. Ich werde deinem Rat folgen und ein neues Leben beginnen. Ich werde mich überfressen, werde mir keine Mühe mehr geben. Für niemanden. Ja, ich werde keine neuen Kleider mehr benötigen, keinen Schmuck, keine langen Haare. Wenn man mich schon nicht mehr braucht, dann brauche auch ich nichts mehr. Oder was denkst du, Aranka, hä?

ARANKA Ich denke, dass Sie Ruhe brauchen. Und Schönes um sich herum. Und dass Sie die neuen Umstände erst mal …

ERZSÉBET Umstände? Umstände nennst du das? Das ist mein Leben, verdammt! Mein neues verfluchtes Leben, das darin besteht, rote Schleifen auf irgendwelchen Festen durchzuschneiden …

ARANKA Sie sind Schirmherrin, das ist eine große Ehre.

ERZSÉBET Schirmherrin statt Herrin, was? Ach, bitte doch den jungen Herrn herein, dessen Besuch ich Horvat zu verdanken habe. Er wartet schon, ich habe ihn ganz vergessen. Und lege mir keine Kleider raus, das Nachthemd muss für ihn genügen.

ARANKA Aber es ist nicht gewaschen.

ERZSÉBET Habe ich dich nach deiner Meinung gefragt?

ARANKA Wie Sie wünschen.

ERZSÉBET Was ich wünsche, ist eine Brombeertorte, also … Nun bitte ihn endlich herein, und ja, du kannst ruhig lauschen.

4.

Nichts hat sich verändert. Nur ein Mann ist anstelle einer Frau neben das verblasste Spiegelbild der Erzsébet getreten.

ERZSÉBET Wie alt bist du? Wie ist dein Name?

AKOS Akos. Und 25 bin ich.

ERZSÉBET Und so frei und weltmännisch, dich nur beim Vornamen zu nennen?

AKOS Ich habe mir den Namen ausgesucht, als ich die Bühne betrat, und da die Bühne mein Leben geworden ist, blieb es dabei.

ERZSÉBET Nun gut, aber hier steht nirgends eine Bühne. Du stehst vor mir, und ich bin keine Schaubudenbesitzerin. Welchen Namen gaben dir deine Eltern?

AKOS Wenn ein Name etwas ist, worunter einen jeder kennt, so heiße ich Akos.

ERZSÉBET Stur ist der Herr also, eigensinnig. Gut, belassen wir es dabei. Und du kommst aus Budapest?

AKOS Dort bin ich geboren und aufgewachsen, bis mich eine Theatertruppe aufgenommen hat. Viele Jahre sind wir durchs Land gezogen. Ein unstetes Leben, wenn man sein Herz an die Schauspielkunst verliert.

ERZSÉBET Dann wirst du dich hier schön langweilen. Hier kannst du deine Jahre, nicht aber dein Herz verschwenden.

AKOS Nicht doch. Es ist aufregend, hier zu sein.

ERZSÉBET Hast du nichts Besseres zu tun? Warten keine größeren Rollen auf dich, keine weiteren Abenteuer?

AKOS Rollenangebote hätte ich genug. Aber ich wollte mal etwas anderes, ein bisschen raus aus dem Trubel der Stadt, und als ich hörte, dass Sie die Schirmherrin …

ERZSÉBET Mein Sohn wird auch bald 25. Als ich so alt war, hatte ich schon zwei Kinder und drei Güter zu verwalten. Aber mein Sohn ist ein Idiot. Ich hoffe, du bist keiner. Sieh mich an, Akos, und sag mir, was du von meinen Haaren hältst.

AKOS Ich finde sie …

ERZSÉBET Sei ehrlich.

AKOS … ungewöhnlich. Aber schön.

ERZSÉBET Du lügst. Doch du gefällst mir, daher darfst du hier wohnen, solange du dieses sinnlose Besäufnis vorbereitest. Eine bessere Bleibe wirst du in dieser Gegend eh nicht finden. Hier ist Platz genug, und man wird dir alles zur Verfügung stellen, was du brauchst. Ich hatte lange keinen Besuch, du wirst mich ein wenig aufheitern. Für morgen Abend bestelle ich die Speichellecker aus Čachtice ein, zu einem Empfang, damit du sie alle kennenlernst. Aranka wird sich darum kümmern. Sie ist meine rechte Hand und weiß schon Bescheid. *Zur Tür hin.* Nicht wahr, Aranka, Liebes?

5.

Nach dem Empfang. Ein Geruch nach Schweiß und Heiterkeit. Die Seifenblasen der vielen gewechselten Worte sind noch sichtbar. Draußen. Im Schnee. Der Winter erinnert an einen geprügelten Hund.

AKOS Es war ein schöner Abend, und gar nicht öde.

ERZSÉBET Menschen, die nichts weiter wollen, als sich vollzuschlagen – ihre Bäuche mit Essen, ihre Taschen mit Geld. Was soll das sein, wenn nicht öde? Immer die gleichen Worte, die gleichen Blicke, die gleichen ausdruckslosen Gesichter.

AKOS Sie sind anders, auch Ihr Gesicht ist anders.

ERZSÉBET Du schmeichelst ungeniert. Und vergebens. Denn ich bin nicht mehr auf dem Markt. Ich bin raus aus dem Karussell. Früher, als ich noch drin saß, ganz weit vorn, da hat mir keiner geschmeichelt. Da hatte man Angst vor mir. Die Zeit war mir nie wohlgesonnen, immer zu früh oder zu spät, alles, was kam. Zu früh habe ich geheiratet, zu früh wurde ich Witwe, zu spät wurde ich nach meinen Fähigkeiten beurteilt, und zu früh aus dem Karussell gescheucht. Zu spät lerne ich nun dich kennen, mein Lieber.

Akos lacht.

ERZSÉBET Oh, ich scheine dich zu amüsieren. Ich hätte den Empfang nicht geben sollen. Oder alle gleich wieder rausschmeißen. Oder verhaften lassen – die Gäste, und auch dich. Einfach so, es hätte mir nichts ausgemacht, es hätte keine Bedeutung für mich gehabt. Hättest du auch das lustig gefunden?

AKOS Aber Sie haben es nicht getan.

ERZSÉBET Ich könnte es immer noch tun. Mit dir.

AKOS Sie würden es bereuen.

ERZSÉBET Und wieso, glaubst du?

AKOS Weil Sie nie erfahren würden, wie wundervoll ich singen kann, wie gut spielen und Witze erzählen, wie laut lachen, weil Sie nie erfahren würden, wie ich einen Braten zubereite, wie herrlich der Kaffee schmeckt, den ich morgens nach dem Aufwachen serviere …

ERZSÉBET Willst du mir deinen Mut beweisen, ja? Ich habe nichts mehr zu verlieren. Ich habe Macht, Akos. Du nicht. Ich kann es mir leisten, mutig zu sein. Du nicht.

AKOS Mut ist keine Frage der Macht, sondern der Freiheit. Ich bin frei, das ist der einzige Reichtum, den ich habe.

ERZSÉBET Frei also, bereit alles zu tun? Dann beweise es mir. Zieh dich aus. Lege dich in den Schnee und singe ein Lied für mich. Oder nein, besser noch, belle wie ein Hund. Nun, Akos?

AKOS Sie wollen wirklich, dass ich …

ERZSÉBET Ja. Tue es. Ich warte.

Er tut es. Dann steht er auf. Stellt sich vor sie hin. Er friert.

ERZSÉBET Gut. Nun zieh dich wieder an.

AKOS Nein, amüsieren Sie sich ruhig über mich.

ERZSÉBET Ich denke, ich hatte für heute genug Amüsement.

AKOS Hier, sehen Sie, sehen Sie mich an, ich werde für Sie tanzen.
ERZSÉBET Hör auf damit, zieh dich an.

Er gehorcht nicht. Geht auf sie zu. Sie sieht ihn an. Rührt sich nicht.

AKOS Amüsieren Sie sich, amüsieren Sie sich ruhig weiter! Genießen Sie es! Oder hat Sie plötzlich Ihr Mut verlassen?

Er bleibt vor ihr stehen, beugt sich zu ihr hinunter. Sie küsst ihn. Und der Schnee färbt sich für ein paar Sekunden violett.

6.

Die Kraniche sind längst ausgeflogen. Es sind nur noch Krähen da. Und der Schnee. Und Erzsébet und ihre neue Liebe, die als Feuerwerk am Himmel explodiert ist. Aber die Sternschnuppe danach ist ausgeblieben. Lachen.

ERZSÉBET Was machst du? Hey, warte, warte, was tust du da? Ich brauche eine kleine Pause, ich bin doch keine 16 mehr.
AKOS Doch, doch, du bist 16. Du bist verrückt. Du bist ansteckend. Du bist frei. Du bist wahnsinnig. Komm schon. *Er nimmt sich ein Glas, trinkt.*
ERZSÉBET Daraus hat schon mein Mann getrunken. Den »Schwarzen Ritter« nannte man ihn, gefürchtet war er, gerühmt, geadelt, vom Kaiser selbst zum Oberst ernannt.

AKOS Und jetzt bin ich zuoberst, und der Schwung deiner Hüften, dein Schoß, deine um mich geschlungenen Arme, dein über mich gebeugter Hals – das alles adelt nun mich.

ERZSÉBET Sei vorsichtig. Deine Jugend schützt dich nicht immer. Sie lauern. Ich weiß, wie sehr sie mich hassen, manche von ihnen.

AKOS Wer?

ERZSÉBET Horvat, vor allem, ihm darfst du nicht trauen. Er wird zu dir kommen, wie ein alter kastrierter Fuchs, wird dich umschmeicheln, er wird versuchen …

AKOS Pscht! Zweifel machen uns klein und gemein. Wir aber wollen uns feiern. Ich dich. Und du mich. Dekadente, verrückte Feste. Auf deiner Nasenspitze. In deinen Mundwinkeln, auf deiner Zunge, zwischen deinen Beinen, in deinen Gedanken …

Sie feiern sich, ein sinnloses Fest jenseits von Zeit und Raum.

7.

Der Tag ist ein Netz, gewebt aus Wünschen, die es zu erfüllen gilt. Die Träume schwirren durch die Luft wie Staubpartikel. Freude ist wieder im Anmarsch, aber wie überquert sie die Flüsse der vergossenen Tränen? In der Küche. Eine Brombeertorte thront auf dem Tisch.

CSILLA Seit fast einer Woche schon verlassen sie das Zimmer nicht: »Csilla, bringe dies, Aranka hole jenes …« Als hätte es bei ihr an Verrücktheiten je gemangelt. Aber das ist sogar für ihre Verhältnisse zu verrückt. Sie hat jede Scham verloren, jeglichen Anstand, und dieser kleine Heuchler ... stolziert herum, als wäre *er* der Herr im Hause. Wenn ihre Kinder das wüssten. Oder mein Milos. Er würde mich auf der Stelle von hier fortschaffen, aus diesem verdorbenen Nest.

ARANKA Und wo bleibt er dann, dein Milos? Soll er doch kommen und dich holen. Schicke ihm doch eine Nachricht, na los!

CSILLA Du weißt, dass es nicht geht. Noch nicht. Ist schon gemein, dass wir so wenig Ausgang haben. Das Herz will ja auch gefüttert werden, nicht nur der Bauch.

ARANKA Seinen Bauch jedenfalls füllt er sich woanders. Vielleicht auch sein Herz.

CSILLA Warum willst du mir wehtun? Ich reiche dir die Hand, versuche dir nur vor Augen zu führen, wie verblendet du bist. Ja und Amen, zu allem, was sie sagt. Hast du keinen eigenen Willen? Bist du ihr Schatten, ihr Spiegelbild, ihr Geschöpf? Ich sage dir: geh, solange sie nicht auch dich verrückt gemacht hat. Du wandelst schon wie ein Gespenst durch die Burg.

ARANKA Und du? Redest immerzu von ihm: »mein Milos, mein Ein und Alles«. Doch kein einziges Mal in all den Monaten kam er dich besuchen. Dabei wird er sicher oft genug freigestellt. Zu was, wenn nicht, um bei dir zu sein? Seine Briefe – so kurz und wortkarg, dass es an Beleidigung grenzt, ganz zu schweigen von den unverzeihlichen Fehlern, die er beim Schreiben macht. Und nichts an seinem Verhalten lässt auch nur ein Fünkchen Hoffnung, dass er sich gebessert haben, dass ein Ehrenmann aus ihm geworden sein könnte, aus ihm, der jeder Dirne nachstellt.

CSILLA Er hat sich verändert, er liebt mich, und er hält mir die Treue, du hast ja keine Vorstellung!

ARANKA Dass ich nicht lache! Aber mir willst du die Augen öffnen. Ja, was sollte ich denn sehen, was ich nicht bereits gesehen habe?

CSILLA Was du nicht siehst? Alles! Denn nichts siehst du! Keinen Mann hast du an dich rangelassen, keiner war deiner würdig, aber das mögen die Männer nicht, wenn unsereins die Nase rümpft und sich für etwas Besseres hält, auch das hast du von ihr. Sie ist hart und gemein und hinterhältig und unversöhnlich, und verbittert obendrein!

ARANKA Zu dir, vielleicht. Zu mir ist sie anders. Und bisweilen muss man hart und gemein sein. Denkst du, mit Liebsein und Kuschen kommt man weit? So weit, wie sie gekommen ist?

CSILLA Wie weit es mit ihr gekommen ist, das sehe ich. Aus hundert Metern Entfernung ist zu erkennen, dass der Kerl ein Scharlatan ist, und sie ihm blind verfallen. Es ist etwas Morsches an ihm, etwas Falsches. Ein Jüngling, der sich in eine alte Hexe verliebt, na, das kannst nicht einmal du für bare Münze nehmen.

ARANKA Hör auf, so über sie zu reden!

Erzsébet kommt in die Küche. Vielleicht nackt. Vielleicht nicht. Vielleicht ist es auch egal. Und ihr sowieso.

ERZSÉBET Ich sterbe vor Hunger. Und Akos hätte gern noch von dem Birnenschnaps.

ARANKA Der ist alle.

ERZSÉBET Dann beschaffe mehr davon. Das kann doch nicht so schwer sein.

ARANKA Ich möchte ungern hinaus, um diese Uhrzeit.

ERZSÉBET Früher hätte es dir nichts ausgemacht.

ARANKA Ich bin für Sie zuständig. Nicht für Ihre Gäste.

ERZSÉBET Gäste? Ist er das, deiner Meinung nach, ein Gast? Na, komm schon, Aranka, mach nicht so ein Gesicht, du bist doch mein Mädchen, bring uns Schnaps. *Zu Csilla.* Oder fahre du, du sitzt eh nur hier rum. Die Zeit der Trauer ist vorbei, jetzt wird gefeiert, und nächste Woche kriegt ihr Geschenke, sehr schöne Geschenke, ich weiß sogar schon, was, ich habe mir einiges aus Budapest schicken lassen, lauter Kostbarkeiten für meine Mädchen. Ich w-e-i-ß-w-a-s-m-e-i-n-e-A-r-a-n-k-a-k-r-i-e-g-t. Freut ihr euch denn nicht? Siehst du, Aranka, Csilla strahlt bis über beide Ohren! Na, willst du nichts sagen? Gönnst du mir mein Glück so wenig?

ARANKA Ich bezweifele, dass es Ihr Glück ist, Herrin.

ERZSÉBET Und sag nicht Herrin zu mir. Ich bin doch deine … Freundin.

ARANKA Eine Freundin würde meinen Rat befolgen.

CSILLA Ich könnte Schnaps besorgen gehen.

ARANKA Csilla! Halt den Mund!

ERZSÉBET Schluss jetzt, ich will keine griesgrämigen Gesichter mehr sehen. Holt Schnaps, egal wer von euch beiden! Und Aranka: Ich erwarte dich oben, sobald ihr welchen habt.

8.

Die Burg tappt im Nebel. Die Zeit zerrinnt unmerklich, als seien alle Uhren auf Anfang gestellt worden – oder auf Ende.

AKOS Heißt das, Sie wollen mich vor ihr warnen? Weil sie gefährlich und grausam ist? Kaltblütig und rachsüchtig?

HORVAT Im Gegenteil, auch mir liegt das Wohl der Gräfin am Herzen. Es ist meine Aufgabe, sie vor möglichen Gefahren zu schützen.

AKOS Dann gilt es *sie* zu warnen, und nicht mich. Meinen Sie das?

HORVAT Darf ich Sie daran erinnern, dass *ich* es war, der Sie hierher geholt und Ihnen Arbeit gegeben hat? Ich denke, in unser beider Sinne. Ich habe mir lange überlegt, welcher Mann sich für die Stelle eignen könnte, habe Erkundigungen eingeholt, habe mich umgesehen. Ich bin ein vorsichtiger Mann, Akos, das Leben und die Erfahrung haben mich Vorsicht gelehrt, sie haben mir beigebracht, nicht voreilig zu handeln, genau hinzusehen, und erst dann meine Wahl zu treffen. Denn ich mag keine Überraschungen, schon gar keine Abhängigkeiten – und erst recht nicht von einer Frau.

AKOS Worauf wollen Sie hinaus?

HORVAT Ich habe Schulden angehäuft, in der Vergangenheit, dumme Fehler, der Jugend, der Unerfahrenheit geschuldet. Nichts Schlimmes, nichts Gravierendes, bei Gott, aber … meine Fehler haben mich an die Gräfin gebunden. Einen Untertan hat sie aus mir gemacht, einen Sklaven – *ihren* Sklaven. Dank mir lenkt sie Čachtice, lenkt sie den Rat mit eiserner Hand. Ich bin das Schwert, das sie nicht einmal zu führen braucht, denn sie weiß, dass mir nichts anderes bleibt, als meine Wünsche den ihren unterzuordnen, als auch die übrigen Ratsmitglieder von der Richtigkeit ihrer Meinung zu überzeugen, noch dann, wenn ich selber Zweifel hege. Zu viele Jahre schon lebt sie hier oben und blickt auf uns herunter, so dass sie nicht mehr weiß, was das Volk will.

AKOS Und Sie wissen das, also?

HORVAT Ja, Wertschätzung. Eine angemessene Wertschätzung für die Dienste, die man ihr erweist. Nichts anderes habe auch ich all die Jahre ersehnt. Nun bin ich es leid, als Ratsmitglied weiter auf ihre Gnade zu warten, auf ein Fünkchen Wohlwollen. Eine angemessene Stellung für all meine Mühen, für all meine Treue – das ist es, was ich will.

AKOS Und ich soll Ihre Interessen vertreten? Gegen die Interessen der Frau, die ich liebe?

HORVAT Meine Interessen sind von den Ihren nicht so verschieden. Sie tun so aufrichtig, so ehrenvoll, als stünden Sie nicht selbst auf dünnem Eis.

AKOS Was wissen Sie schon?

HORVAT Wie bereits erwähnt, bin ich ein vorsichtiger Mann, der Erkundigungen einholt. Sie lieben sie also, behaupten Sie? Aber sollte man seiner Liebe nicht aufrichtig begegnen? Alles von sich preisgeben, alles offenbaren? Und haben Sie das getan?

AKOS Hören Sie auf!

HORVAT Sie haben Ihre Vergangenheit, und ich meine. Und zwischen beiden gibt es ein paar ungeahnte Gemeinsamkeiten. Auch ich will die Vergangenheit hinter mir lassen und ankommen. Dort, wo es mir zu sein gebührt. Ebenso wie Sie.

AKOS Ich mische mich nicht in fremde Angelegenheiten.

HORVAT Das Herz der Gräfin, ihr Gemach – sind das für Sie »fremde Angelegenheiten«?

AKOS Halten Sie endlich den Mund!

HORVAT Sprechen Sie mit ihr. Ich helfe Ihnen, und Sie helfen mir. Andernfalls werde ich Ihre Vergangenheit mit noch mehr Leuten teilen.

9.

Die Nacht schmeckt nach Apfelsinen. Ihr Saft ist rot. Rot wie Nelken. Und wir hören nicht auf, immer dickere Scheiben davon abzuschneiden, staunend über die Schwärze, die folgt.

ERZSÉBET Seit Tagen bekümmert dich etwas.

AKOS Ich sage doch, du musst dir keine Sorgen machen. Es ist nichts.

ERZSÉBET Dieses Nichts zieht Furchen auf deine Stirn.

AKOS Ein paar Dinge, die ich zu klären habe.

ERZSÉBET Beschwichtige mich nicht! Ich bin zu alt, als dass man mir Dinge schön redet. Sei schonungslos, rücksichtslos.

AKOS Nur eine kurze Reise, ein paar Wochen, mehr nicht, dann komme ich zurück, zu dir, frei und aller Sorgen ledig.

ERZSÉBET Will dir jemand übel? Befiehl nur und ich lasse ihn köpfen. Für dich tue ich das. Oder nicht. Mal sehen.

AKOS Mir ist es ernst.

ERZSÉBET Seit dieser Brief eingetroffen ist, hängt eine dunkle Wolke über dir, seither bist du verändert.

Du sagst, du vertraust mir dein Leben an. Und verheimlichst mir ein paar Zeilen? Was steht in dem Brief?

AKOS Rede keinen Unsinn. Du warst zu lange zu oft allein, daher diese trüben Gedanken.

ERZSÉBET Meine Welt steht nicht einfach Kopf, meine Welt rollt irgendwohin, wo sie keinen Halt findet.

AKOS Es ist beschlossene Sache. Gleich nach dem Fest reise ich nach Budapest und komme wieder, so schnell, dass es dir nicht einmal auffällt.

ERZSÉBET Du erzählst wenig von dir.

AKOS Vor 25 Wintern wurde ich geboren, im Herzen Budapests. Mein Vater wollte, dass ich Notar werde und gutes Geld verdiene, so wie er. Dem Krieg habe ich mich entzogen, indem ich vorgab, ich hätte ein kaputtes Bein. Ich habe Vaters Zorn auf mich genommen und bin mit der Schauspieltruppe durchs Land gezogen. Was möchtest du noch wissen?

ERZSÉBET Wen hast du begehrt? Wen geliebt? Wem hast du etwas geschworen? Und bei wem deinen Schwur gebrochen? Wem bist du entflohen? Niemand kommt einfach so hierher. Niemand verlässt die Bühne, die er liebt, um sie gegen ein Schmierentheater wie das hier einzutauschen.

AKOS Warum willst *du* das hier eintauschen – gegen Zweifel, gegen Nichtigkeiten?

ERZSÉBET Weil ich nicht dumm bin. Weil mein Leben auf meinen Schultern lastet wie ein Buckel. Weil ich nicht so tun kann, als wüsste ich die Dinge nicht, die ich weiß.

AKOS Welche Dinge?

ERZSÉBET Du bist nicht, was du vorgibst zu sein. Und deshalb werde ich wütend, deshalb werde ich kratzen und beißen und zerstören, deshalb werde ich gnadenlos sein.

AKOS Drohst du mir?

ERZSÉBET Ich habe Angst. Und ich hasse es, Angst zu haben.

AKOS Was weißt du noch über mich?

ERZSÉBET Dass du entweder etwas gesucht hast, verzweifelt gesucht, oder vor etwas geflohen bist, verzweifelt geflohen. Sonst wärst du nicht hier. Ich weiß, dass du in Schwierigkeiten bist und sie vor mir verheimlichst.

AKOS Und weiter?

ERZSÉBET Nur dass du der beste Liebhaber bist, den ich je hatte.

AKOS Siehst du. Das wollte ich hören. Mehr nicht.

10.

Die Knospen zerbrechen an der eigenen Ohnmacht. Die Kälte lässt sie nicht sein. Noch nicht. Der Schnee ist grau und klebt an den Knöcheln.

HORVAT Aranka sagte mir, ich würde Sie hier finden.

ERZSÉBET Was treibt Sie her, Horvat? Geld? Von mir aus. Nehmen Sie. Akos hat mir schon berichtet, dass das Fest mehr kosten wird als geplant.

HORVAT Deswegen bin ich nicht hier.

ERZSÉBET Nein?

HORVAT Oder doch. Aber nicht, um weiteres Geld von Ihnen zu erbitten.

ERZSÉBET Worauf wollen Sie hinaus?

HORVAT Es ist wegen Akos.

ERZSÉBET Oh, die Herren sind wohl unzufrieden? Belustigt er Sie nicht genug?

HORVAT Das ist es nicht, das nicht. Er ist ein Meister seines Fachs, das bezweifelt niemand, alle sind glücklich und danken Ihnen für die Großzügigkeit, uns dieses Fest zu ermöglichen, aber …

ERZSÉBET *schreit* Aber was? Was?

HORVAT Ich bitte um Nachsicht. Es ist nun mal meine Pflicht, Sie als unsere Schirmherrin über alles zu informieren. Er kann nicht angemessen belegen, wofür er das Geld ausgegeben hat. Warum er auf einmal mehr braucht.

ERZSÉBET Aber ich gebe doch mehr, was wollen Sie noch? Wie unersättlich kann Ihre Gier denn sein? Bin ich etwa nicht großzügig genug? Warum lassen Sie ihn nicht machen? Wieso freuen Sie sich nicht mit ihm, mit uns? Denn endlich gibt es dafür einen Grund an diesem freudlosen Ort! Lassen Sie ihn in Ruhe. Ich zahle es schließlich, *ich* zahle es, ich zahle alles, was er braucht, verdammt!

HORVAT Aber Gräfin, niemand beschuldigt ihn. Nur ist es eine Selbstverständlichkeit, eine Frage der Ehre, dass man belegt, wofür man Ausgaben getätigt hat.

ERZSÉBET Sie sprechen mir von »Ehre«, von »Selbstverständlichkeit«? Bei einem 25-jährigen, der Ihnen Freude bereitet, aber nicht alles bis aufs Kleinste abrechnet? Weil er jung ist, weil ihm nicht danach ist, weil er die Leute, die er bespaßen soll, wirklich vergnügt und mit ihnen feiert? Und wie viele fehlende Steuereinnahmen, wie viele Getreideabgaben, wie viele Akzisen auf Bier und Wein habe ich Ihnen vergeben, Horvat?

HORVAT Habe ich nicht längst alles wettgemacht?

ERZSÉBET Sie wagen es noch, sich bei mir zu beklagen? In all den Jahren, Horvat, habe ich meinen Mund gehalten und Ihnen den Rücken gestärkt.

HORVAT Und warum? Warum haben Sie es getan? Ging es nicht auch um Ihre Vorteile? Um das Wohlwollen des Rates, den ich zu beschwichtigen wusste? Um die Gewissheit, dass hinter Ihrem Rücken niemand eine Verschwörung plant, während Sie Ihre Geschäfte und Ihre Politik betrieben? Um Ihre Hände, die Sie sich nicht schmutzig machen mussten, bei jeder noch so dreckigen Angelegenheit?

ERZSÉBET Sie gefährden Ihre Stellung, Horvat, wenn Sie weiterreden.

HORVAT Ich hoffte, Sie würden eines Tages aufhören zu glauben, ich täte all das nur aus Angst um meine Stellung, hoffte, Sie würden eines Tages meine Treue und Ergebenheit zu schätzen lernen und mich angemessen behandeln! Mich, der nie von Ihrer Seite gewichen ist?

ERZSÉBET Ja, wie ein Schatten gefolgt, das sind Sie mir. Mein Leben lang werde ich Sie nicht los.

HORVAT Und warum dulden Sie dann meine Nähe, obwohl Sie wissen, dass es mich quält?

ERZSÉBET Verdammt, Horvat, es war eine einzige Nacht! Eine Nacht, nichts weiter. Ich hatte gerade meinen Mann verloren, wir beide hatten ihn verloren, ich wusste, wie wichtig er auch Ihnen war, ich wusste, dass ich dieses Leid mit Ihnen teilen konnte, ich ließ es geschehen, schwach zu werden, für diese eine Nacht ließ ich es geschehen. Vergessen Sie's, kommen Sie darüber hinweg, es ist eine Ewigkeit her. Und es hat nichts bedeutet. Ein dummer Fehler, weiter nichts.

HORVAT Dieser »dumme Fehler« hat seither mein Leben bestimmt.

ERZSÉBET Er hat Ihnen die jetzige Stelle beschert. Sie konnten sie gut brauchen, und ja, dank Ihnen hatte ich einen Fürsprecher im Rat, ab und an habe auch ich Anspruch auf Frieden, auf Bequemlichkeiten. So hatten wir beide etwas davon, ich gebe es zu. Aber hören Sie auf, mir weismachen zu wollen, Sie hätten aus Verehrung für mich gehandelt. In all den Jahren haben Sie im Gegenteil keine Gelegenheit ausgelassen, mir nachzustellen, mich zu bedrängen.

HORVAT Sie ließen mir keine andere Möglichkeit, Ihnen meine Zuneigung zu bezeugen. Nichts von dem, was ich für Sie tat, war Ihnen genug. Es war, als wäre Ihr Innerstes aus Eis – kalt, spitz und feindselig. Sie schickten mich weg und ließen mich meine Unzulänglichkeiten spüren. Wie hätte ich handeln sollen, wie Ihnen beweisen, dass ich …

ERZSÉBET Ich bitte Sie, Horvat, Sie machen sich lächerlich. Diese Sentimentalitäten stehen Ihnen nicht!

HORVAT Betrachten Sie sich im Spiegel, Gräfin. Sie sind es, die sich lächerlich macht! Und Sie sollten lieber aufhören.

ERZSÉBET Aufhören womit?

HORVAT Mit *Ihren* Sentimentalitäten. Sie benehmen sich weibisch und büßen immer mehr ein, was Sie zu der gemacht hat, die Sie sind. Seit Sie ihn sich in Ihr Haus geholt haben – und in Ihr Bett. Einen verlogenen Schauspieler!

ERZSÉBET Worum geht es? Dass Sie sich um mich sorgen? Oder darum, dass *Sie* nicht derjenige sind, der meine Verwandlung bewirkt hat?

HORVAT Sie beleidigen mich, wenn Sie meine Absichten und meine Wertschätzung Ihnen gegenüber mit den Wünschen und Gelüsten dieses Bürschchens gleichsetzen.

ERZSÉBET *schreit* Es reicht! Wir sind quitt. Sie werden gehen und Ihr Amt einem andern überlassen.

HORVAT Wo ist Ihr scharfer Verstand geblieben, wo Ihre eisige Disziplin, Ihr Sinn für Gerechtigkeit?

ERZSÉBET All das ist noch vorhanden. Nur nicht mehr zu Ihren Gunsten, Horvat. Das ist der Unterschied. Ich habe etwas verstanden, und ja, ich verdanke diese Erkenntnis ihm: Ich bin frei. Endlich bin ich frei und kann sein, was ich so lange nicht sein durfte: eine Frau.

HORVAT Sie verlieren Ihren Kopf und reden von Freiheit. Sie lassen sich ausnutzen und belügen, lassen sich in die Irre führen. Doch ich sage Ihnen: Es ist nicht ratsam, die eigenen Freunde zu Feinden zu erklären. Denn die kennen einen nur zu gut. »Ein dummer Fehler, weiter nichts.« Wirklich nichts?

ERZSÉBET Verschwinden Sie!

11.

Die Erde ist aufgeplatzt unter all dem Schnee, aber das Bett nach wie vor warm.

ERZSÉBET Musst du wirklich?

AKOS Ja. Was ist daran so schwer zu verstehen?

ERZSÉBET Ich weiß, meine Sonne, ich weiß.

AKOS Nenn mich nicht so.

ERZSÉBET Tut mir leid.

AKOS Und ich mag nicht, wenn du dich so klein machst. Mir ist die gefürchtete Herrin lieber – ihre Machtspiele, ihre Befehle, ja, sogar ihre boshafte Art.

ERZSÉBET Auch das kann ich sein, böse und gemein, für dich, wenn du es willst, meine Sonne. Akos.

AKOS Morgen beginnt das Fest. Und du hast versprochen, dass du hingehst. Sie erwarten deine Anwesenheit, deine Ansprache. Anschließend breche ich auf. Bei dem Wetter werde ich lange brauchen.

ERZSÉBET Ich werde dort sein. Ich werde eine nicht enden wollende Rede halten, werde die süßesten Versprechen machen, nur um den Moment hinauszuzögern, da du gehst.

AKOS Hast du meine Stiefel gesehen? Die, die du mir geschenkt hast?

ERZSÉBET Ich gehe sie für dich suchen. Aber sag mir wenigstens, wie viele Wochen du fort bleibst, wenn du schon keinen Tag nennen kannst?

Schweigen.

ERZSÉBET Worum handelt es sich? Vielleicht kann ich dir helfen?

AKOS Vielleicht kannst du auch gleich das Atmen für mich übernehmen?

ERZSÉBET Geht es um Geld? Ich habe mehr als genug.

AKOS Ich kann und werde kein Geld von dir annehmen.

ERZSÉBET Ich wäre glücklich, dir helfen zu können.

AKOS Mach dir keine Sorgen, das steht dir nicht, es macht dich alt. Ich komme bald wieder. Hilfst du mir jetzt endlich suchen?

Sie sucht nach den Stiefeln.

AKOS Weißt du, niemand wird mir glauben, dass du und ich … die mächtige Erzsébet und ich, Akos. Ihnen werden die Münder offen stehen.

ERZSÉBET Ich schreie es hinaus. Der ganzen Welt ins Gesicht. Von dir und mir. Von diesem Glück!

AKOS Hast du sie? Hast du die Stiefel?

ERZSÉBET Ich weiß, es ist das Geld. Ich weiß es. Egal. Nimm, was du brauchst.

AKOS Ich bin nicht dein Ehemann.

ERZSÉBET Aber …

AKOS Kein Aber.

Sie überhäuft ihn mit Küssen, verteilt sie auf ihm wie schwarze Veilchen auf einer blauen Wiese.

12.

Der Schnee legt unterdrückte Wünsche frei. Es riecht nach Nässe, die nicht verdunstet, weil die Menschen sich darin einhüllen. Erzsébet mit einer Flasche Birnenschnaps.

ERZSÉBET Du bist das Schwert, mit dem ich mich enthaupten soll. Mein Herz übergibt sich, seit du weg bist. Ich esse, und es schmeckt nach Schnee vom Vorjahr, ich trinke und werde nur noch durstiger. Ein gefällter Baum bin ich, begraben unter der Last des eigenen Lebens. Wohin soll eine Frau, mit einer Haut voll von Jahren? Wohin soll eine Frau, deren Seele einer Krähe gleicht, die weder krähen noch fliegen kann? Wohin sollen meine Flügel mich tragen, ohne Federn? Du sagst, jeder wähle sich seinen Kerker selbst, und warum ich denn hierhergekommen sei, in diesen vergessenen Winkel des Landes? Die Antwort ist: Ich kann mich nicht mehr sehen. In einer Stadt voller Spiegel kann ich nicht sein. Ich kam her, um mich in Schnee und Dunkelheit zu verlaufen. Aber du, du hast mich angestrahlt, hell wie die Sonne. Du hast mich ans Tageslicht gezerrt, und nun schicken mich deine Abwesenheit und dein Schweigen in meine Dunkelheit zurück. Ich habe alles getan, was man in einem Leben tun kann, um in diesem Land als Mensch zu gelten, und nicht nur als Frau. Angesehen und mächtig. Aber was blieb, waren ein kahler Kopf und fahle Haut, was blieb, waren das Schweigen, die Einsamkeit und der Staub. Ich weigere mich, zu Staub zu verfallen. Noch. Noch will ich. Noch sehne ich mich. Noch sehne ich mich nach dir. Sehne mich nach deiner Träne auf meiner Wange, nach deinem Haar, in das ich mich festkralle, nach deinen Worten, und auch nach deinen Lügen, ja, ich weiß um sie. Nur mit einer Lüge kannst du, ein sorgloser Halbgott, verstoßen aus dem Olymp, mich lieben. Zu sehr erinnere ich dich an deine Demütigungen. Und du mich an meine. Denn mit allem, was ich bin und habe, bin ich, was du nie warst oder sein wirst. Und anders als dein makelloser Körper weist meiner Spuren auf, Spuren der Zeit und der Niederlagen. Wir können nur verlieren in dieser Schlacht, aber ich wäre nie glücklicher, als im Moment dieses Verlusts, nie glücklicher als beim letzten Stoß deines Messers. Doch ich weiß, ich habe keinen Gnadenstoß von dir zu erwarten.

Aranka hat, wie immer, gelauscht und kommt herein. Sie trägt ein Tablett.

ARANKA Alles was Sie von mir erwarten können, ist eine Kanne frischer Tee.

ERZSÉBET Komm her, fühlst du, wie fiebrig ich bin? Nachts zittere ich am ganzen Leib, tagsüber rinnt mir der Schweiß den Rücken hinunter. Ich wusste nicht, dass man so tief fallen kann, nur weil das eigene Herz einen Feldzug gegen dich führt.

ARANKA Ich hatte gehofft, es sei nur eine Laune, Ihre Laune, und sie würde verfliegen, leicht und spurlos.

ERZSÉBET Ich weiß, dass es aussichtlos ist, lächerlich, ja beschämend. Ein junger, unsteter Mann, der nach Ruhm und Erfolg strebt – ich weiß, dass sein Herz früher oder später anderen erliegen wird.

ARANKA Sie hätten Könige und Staatsmänner um sich scharen können. Stattdessen haben Sie sich diese verpuffte Luft, diese Peinlichkeit, diese Zecke ins Haus geholt. Ich hätte Sie schützen müssen. Sie, die nur über andere herrschen kann.

ERZSÉBET Ja, ich brauche Hilfe, eine Nachricht von ihm, ein Satz schon würde genügen. Das wäre die Heilung. Bitte, Aranka, fahre nach Budapest, du musst ihn für mich suchen.

ARANKA Ich werde nirgendwo hinfahren.

ERZSÉBET Vielleicht steckt er in Schwierigkeiten. Vielleicht kann er nicht antworten, vielleicht ist er gar nicht in der Lage, ja, das könnte doch sein.

ARANKA Csilla hat Recht: Sie sind befallen von einer Krankheit, einer Manie, einem Alptraum. Aber zwicken, um aufzuwachen, müssen Sie sich schon selbst.

ERZSÉBET Ich dachte, wenigstens auf dich sei Verlass, auf dich, die ich großgezogen habe wie ein eigenes Kind, wenigstens du würdest mir zur Seite stehen. Du missgünstiges, hinterhältiges Stück!

ARANKA *beginnt zu weinen* Ihr Wachhund, das bin ich! Dazu haben Sie mich »großgezogen«! Jeden Tag und jede Nacht habe ich an Ihrer Seite gewacht.

ERZSÉBET Was redest du da?

ARANKA Wie oft hat sie mich innerlich verbrannt, Ihre Blindheit, wie oft in Stücke gerissen? Sie haben mich nie wahrgenommen.

ERZSÉBET Aber das habe ich. Ich habe dich zu mir geholt, da warst du noch *so* klein, winzig klein, was redest du denn? Beruhige dich doch!

ARANKA Und jetzt wollen Sie sich in den Abgrund stürzen, kopfüber, und ich soll noch mit Ihnen hinab? Das werde ich nicht tun. Ich habe nicht meine besten Jahre vergeudet, um wie ein dumpfer Stein im Nichts zu enden!

ERZSÉBET Ich mag dieses Gerede nicht. Ich will, dass du nach Budapest fährst.

ARANKA Aber ...

ERZSÉBET Du wirst hinfahren! Du wirst ihn für mich finden, und du wirst ihn mir bringen. Du wirst all deine Überredungskünste darauf verwenden. Richte Csilla aus, dass ich bis dahin niemanden empfange. Und du wage ja nicht, alleine zurückzukehren!

ARANKA Diese Grausamkeit nimmt Ihnen die letzte Würde.

ERZSÉBET Wird es jetzt was?

13.

Der Schnee hört nicht auf zu fallen. Vor dem Weiß hebt sich Erzsébets Kummer ab, der alle Farben durchläuft, um am Ende schwarz zu verlöschen. Schade nur, dass keiner da ist, es zu sehen.

HORVAT Unpässlich ist sie, sagst du?

CSILLA Ja.

HORVAT Und schickt dich, mich zu empfangen? *Sieht die Flasche mit dem Birnenschnaps.* Nun, wenn deine Herrin es schon nicht kann, so leiste du mir etwas Gesellschaft, ehe ich wieder aufbrechen muss. Wie ich sehe, ist Schnaps im Haus.

CSILLA Es ist mir nicht gestattet, mit den Gästen der Herrin zu reden oder zu trinken – dazu bin ich nicht befugt.

HORVAT *blickt sich um* Wer sollte es dir verbieten?

Er schenkt Csilla und sich Schnaps ein, prostet ihr zu. Csilla lehnt ab, er hält ihr das Glas hin, schließlich willigt sie ein und nippt. Er trinkt aus und schenkt beiden nach, wartet, bis Csilla das Glas geleert hat, um gleich wieder nachzuschenken.

CSILLA Sie sollten wissen, ich werde bald heiraten.

HORVAT Und wie kommt es, dass dein Zukünftiger dich hier alleine lässt?

CSILLA Er macht bald seinen Meister, dann wird er mich holen, und wir ziehen nach Budapest, ein goldenes Händchen hat er, wir werden zurechtkommen. Im Sommer ist es soweit. Ich warte voller Freude auf den Tag, an dem er kommt und ... *Sie weint.*

HORVAT Was denn, was denn?

CSILLA Er ist ein guter Mann, mein Milos, aber ein Mann, ja, und manchmal, da sagt Aranka zu mir, dass er Versuchungen ausgesetzt ist, in der Stadt, und dass ich mir nicht sicher sein könne.

HORVAT Aranka plappert doch nur nach, was eure Herrin sagt, und die, unter uns, Csilla, kennt sich in Herzensangelegenheiten nicht wirklich aus, habe ich recht? Oder würde sie dir sonst die freie Zeit verwehren, die du nötig hättest, um bei deinem Liebsten zu sein?

CSILLA Oh, das erleichtert mich aber ungemein, dass Sie das sagen! Ja, zu selten dürfen wir uns sehen. Und Aranka, ach, Sie kennen sie ja! So emsig und fleißig und gar nicht zum Vergnügen geschaffen, aber ich, ich gehe hier ein. Ich bin doch noch jung und will etwas erleben! Das sage ich eh die ganze Zeit, beklage mein Schicksal, doch wer schenkt mir schon Gehör? Manchmal beginne ich, an meinem Verstand zu zweifeln, solche Verrücktheiten gehen hier vor sich.

HORVAT Das solltest du nicht, Csilla. Du hast einen messerscharfen Verstand, das weiß ich. Prost! Trinken wir noch einen.

Sie tun es.

HORVAT Was für Verrücktheiten sind es, von denen du gesprochen hast?

CSILLA Vielleicht sollte ich nicht so viel reden, der Schnaps, den bin ich nicht gewohnt.

HORVAT Weißt du was? Ich werde mit deiner Herrin reden. Ich werde sie überzeugen, dass sie dich Ende des Winters nach Budapest schickt. Du brauchst Farbe und Frohsinn im Gesicht, und die Gewissheit von Milos' Liebe! Vielleicht nehme ich dich auch einfach mit. Im Frühjahr muss ich ohnehin in die Stadt.

CSILLA Das würden Sie tun?

HORVAT Am besten besprechen wir es gleich mit Aranka, damit sie unser Anliegen unterstützt.

CSILLA Sie ist nicht da.

HORVAT Dann komme ich morgen wieder.

CSILLA Dann wird es auch nicht gehen. Sie ist …

HORVAT Was?

CSILLA Die Herrin hat sie weggeschickt, sie soll ihn …
HORVAT Sprich weiter.
CSILLA Ihn suchen und hierher bringen.
HORVAT Den Schauspieler?
CSILLA Ja, Akos. Essen will sie nichts mehr, bis dahin, und trinken auch nicht.
HORVAT Wegen ihm?
CSILLA Ich sollte jetzt lieber in die Küche und die Mägde mit dem Abendessen beauftragen.
HORVAT Ich werde dir helfen, Csilla. Aber auch deine Herrin braucht Hilfe. In diesem Gemütszustand kannst du sie nicht zurücklassen.
CSILLA Ich weiß nicht …
HORVAT Und wenn Aranka wieder da ist, möchte ich, dass du hörst, was sie mit der Herrin bespricht, das ist wichtig. Nur so werden wir wissen, wie wir am besten vorgehen.
CSILLA Aber wenn sie mich erwischen? Aranka hat ihre Augen und Ohren überall in diesen Wänden.
HORVAT Dir wird nichts passieren. Und sobald es deiner Herrin besser geht, werde ich ihr empfehlen, dich nach Budapest zu schicken, um deinen Liebsten zu besuchen.

14.

Der Horizont gleicht einem schmerzverzerrten Mund. Niemand weiß, welche Zukunft dahinter verschwunden ist und welche noch bleibt. Aranka kommt zurück. Ihr Ausdruck verheißt nichts Gutes.

ERZSÉBET Ich dachte schon, die Warterei hätte nie ein Ende! Wo bist du so lang gewesen? Wo ist er? Warum hast du mir keine Nachricht geschickt, als du in Budapest angekommen bist?

ARANKA Die Fahrt war beschwerlich. All der Schnee, ich wurde krank und …

ERZSÉBET Und wo ist er? Wartet er vor der Tür? Nein? Sahst du ihn? Sprich endlich. Oder bereitet es dir Vergnügen, mich schweigend anzustarren, mit deinen Fischaugen?

ARANKA Ja, ich traf ihn im …

ERZSÉBET *schreit* Los! Weiter!

Eine zähe, schwarze Pause.

ARANKA Im Wirtshaus. Er hat Frau und Kinder. Das Jüngste ist noch in Windeln. *Pause, diesmal aber eine, die nach Eisen schmeckt.* Er ist hoch verschuldet, hat nie eine ernstzunehmende Rolle am Theater gespielt, und keiner, den ich traf, ist auch nur im Geringsten gut auf ihn zu sprechen. Er trinkt gern einen über den Durst und versteckt sich vor seinen Schuldnern, denn er hat recht viele davon. Sogar seine Frau weiß oft tagelang nicht, wo er sich herumtreibt.

ERZSÉBET Wie sieht sie aus? Die Frau. Wie sieht sie aus?

ARANKA Schön. Und jung.

ERZSÉBET Du hast ihn gesehen, sagst du?

ARANKA Ja.

ERZSÉBET Und?

ARANKA Er war versoffen.

ERZSÉBET Hat er nach mir gefragt?

ARANKA Nein.

ERZSÉBET Du lügst.

ARANKA Oder doch. Er fragte nach Ihnen, nach Ihrem Geld.

ERZSÉBET Er wusste nicht, was er tat, er war betrunken. Das waren deine Worte.

ARANKA Mehr habe ich nicht zu sagen.

ERZSÉBET Was hast du dir dabei gedacht? Wie kannst du es wagen, hier so aufzukreuzen, frech und verdorben, mit einem Gesichtsausdruck und einer Nachricht, die mich verhöhnen?

ARANKA Einer Nachricht, die ich nur überbringe.

ERZSÉBET Gib mir Wort für Wort wieder, was er gesagt hat.

ARANKA Ich weiß es nicht mehr, mein Gott, was spielt das noch für eine Rolle? Sinngemäß habe ich es wohl wiedergegeben.

ERZSÉBET Sag mir, was er sagte.

ARANKA Nichts. Nichts sagte er. Nur gelallt hat er. Und getrunken.

ERZSÉBET Was, was hat er gelallt, du Drecksstück?

ARANKA Was noch? Was muss er noch tun, damit Sie endlich begreifen, dass er Sie belogen und betrogen hat? Dass er Sie vergessen hat, kaum dass er Čachtice verließ? Muss ich ihn erst hierher schleifen, damit *er* es Ihnen ins Gesicht sagt?

ERZSÉBET Ja, ja, verdammt!

ARANKA Dann sage ich es Ihnen deutlicher: Er spottet über Sie. Er verabscheut Sie. Er lacht im Bett mit seiner Frau über Sie. Er erzählt ihr, wie Sie nach ihm gelechzt haben, wie Sie ihn angebettelt und sich gedemütigt haben. Seinen Saufkumpanen erzählt er, wie gut es war, Sie verrückt zu machen nach ihm – und dann sitzen zu lassen. Ja, ja, diese Erzsébet, genau die. Er prahlt damit. Er ekelt sich vor Ihnen, vor Ihren Altersflecken und Ihrer schlaffen Haut, vor Ihren Hautfalten, vor Ihren runzeligen Ellenbogen, Ihren herabhängenden

Mundwinkeln, vor dem Geruch der Zeit auf Ihrer Haut.

ERZSÉBET Ich habe dir befohlen, ihn mir zu bringen, und du hast es nicht getan, das wirst du büßen.

ARANKA Hier bin ich. Strafen Sie mich dafür, dass er Sie hasst. Nur zu!

ERZSÉBET Er ekelt sich vor mir, sagst du?

ARANKA Ja. Ja, er ekelt sich!

Man hört Csilla hinter der Wand husten. Erzsébet reißt die Tür auf.

ERZSÉBET Was hast du hier zu suchen? Wer hat dir erlaubt, mich zu belauschen?

CSILLA Es tut mir leid, gnädige Frau, ich kam nur vorbei, und als ich die aufgebrachten Stimmen hörte …

ERZSÉBET Steckt ihr beiden unter einer Decke? Was treibt ihr hinter meinem Rücken? Was redet ihr über mich?

CSILLA Nichts, nichts reden wir.

ARANKA Das stimmt nicht! Ganz Čachtice redet über Sie! Na los, sag schon, Csilla, was man so alles tratscht, sag schon.

CSILLA Ich weiß nicht, ich wollte doch bloß …

ARANKA Dass er sich vor Ihnen ekelt, das sagt man.

ERZSÉBET Du lügst, du lügst, du lügst!

CSILLA Bitte.

ARANKA Sag es, Csilla! *Zu Erzsébet.* Er lacht über Sie, während er seine Frau fickt!

Erzsébet geht auf Aranka los. Sie schlägt sie. Immer wieder. Aranka wehrt sich nicht. Csilla schreit, versucht dazwischenzugehen. Erzsébet stößt sie zur Seite

– und da, da passiert es. Das Unerwartete, das Banale. Csilla prallt gegen etwas, gegen irgendetwas mittelalterlich Schönes, gegen ein wertvolles antikes Möbelstück, vermutlich, eine wertvolle antike Möbelstückkante, und bleibt regungslos liegen. Bestimmt rinnt Blut aus ihrer Schläfe. Erzsébet und Aranka eilen zu ihr, doch vergeblich. Csilla wird regungslos bleiben.

ERZSÉBET Ist sie …
ARANKA Ja.
ERZSÉBET Dann geh ins Dorf und sag, ich habe sie getötet.
ARANKA Nein. Ich werde sagen, wie es war: ein Unfall.
ERZSÉBET Aber das ist nicht wahr! Ich will, dass sie kommen und mich holen, ich will, dass sie …
ARANKA Sie müssen bleiben und damit leben.
ERZSÉBET Warum hasst du mich?
ARANKA Weil Sie mich nicht lieben.

15.

Der Frühling ist klebrig und noch kälter als der Winter. Vor dem Spiegel: Erzsébet drückt ein blutiges Tuch an ihr Gesicht. Blut soll Wunder wirken, sagt man. Aranka kommt herein.

ERZSÉBET Was hat man dir gesagt?
ARANKA Dass es ein bedauerlicher Unfall gewesen ist. Und dass Sie keine Schuld trifft. Ganz Čachtice steht hinter Ihnen. Es wird keinen Prozess geben. *Sie entdeckt das blutige Tuch in Erzsébets Händen.* Was ist das? Haben Sie sich geschnitten?

ERZSÉBET Es ist Csillas Blut. Ich habe es aufgewischt. Ich konnte es nicht wegwerfen. Ich konnte nicht so tun, als wäre nichts gewesen, als wäre *sie* nicht gewesen. Sie lag so still. Als würde sie schlafen.

ARANKA Auch im Gesicht haben Sie Blut, da.

ERZSÉBET Und? Fällt dir noch etwas auf? An meinem Gesicht?

ARANKA *reicht ihr etwas zu Essen* Nehmen Sie, damit Sie ein wenig Ruhe finden und nachts wieder schlafen können.

ERZSÉBET Die Falte an meiner Stirn, siehst du sie?

ARANKA Nein.

ERZSÉBET Nein, denn sie ist weg. Die Falte ist weg.

ARANKA Sie müssen etwas zu sich nehmen.

ERZSÉBET Damit ich mich übergebe, hier vor dir, auf allen Vieren? Willst du das? Mich so sehen?

ARANKA Hier, essen Sie! *Hält ihr wieder das Essen hin.*

ERZSÉBET Die Falte ... Es ist ein Wunder, oder nicht? Csilla war noch so jung. Kann junges Blut so etwas bewirken? Antworte.

ARANKA Ich weiß es nicht. Und will es auch nicht wissen.

Sie zittert, starrt ihre Herrin im Spiegel an.

ERZSÉBET Was ist?

ARANKA Ich habe immer versucht, zu sein und zu tun, was Sie von mir verlangen. Trotzdem strafen Sie mich mit Missachtung.

ERZSÉBET Aber ich missachte dich doch nicht. Wie kommst du darauf?

ARANKA Ich habe Sie angefleht, Čachtice zu verlassen.

ERZSÉBET Komm, leg deinen Kopf hierher, ich streichele dir die Schläfen. Du bist alles, was ich habe.

ARANKA Dann nehmen Sie auch, was ich Ihnen biete.

ERZSÉBET Hätte ich noch deine Jugend – was würde ich damit anfangen.

ARANKA *springt auf* So? Dann nehmen Sie sich, nehmen Sie doch! Hier, wollen Sie auch mein Blut? Wollen Sie es?

16.

Blut riecht nach Eisen, und Eisen riecht nach Erde. Erzsébet liegt auf dem Bett, ihr Gesicht mit blutigen Tüchern bedeckt. Aranka setzt sich auf die Bettkante, sie ist schwach.

ERZSÉBET Ich fühle mich wie neugeboren.

ARANKA Und ich sterbe, wenn wir so weiter machen.

ERZSÉBET Also sterben wir zusammen. Du runzelig, ich weich wie ein Neugeborenes. Das wäre schön. Gleich hier, auf diesem Bett. Großartig und schön wäre das!

ARANKA Mir ist schwindelig.

ERZSÉBET Zwei Stunden noch muss ich hier liegen, dann nehme ich die Tücher ab und kann mich um dich kümmern.

ARANKA Ich will nicht, dass Sie sich um mich kümmern. Ich will, dass Sie aufhören damit.

ERZSÉBET Ich habe in alten Büchern nachgeschlagen. Früher nahm man Lamm- und Kalbsblut, um Wunden zu heilen. Warum sollte nicht auch menschliches Blut den Körper überlisten können?

ARANKA Hören Sie, was ich sage? Wir müssen aufhören. Ich habe keine Kraft mehr.

ERZSÉBET Dann geh ins Dorf. Biete den jungen Schönheiten Geld. Sie werden ihr Blut schon hergeben.

ARANKA Man wird mich einsperren dafür.

ERZSÉBET Csilla ist tot. Und wie du siehst, bin ich noch auf freiem Fuß.

ARANKA Es war ein Unfall.

ERZSÉBET *Ich* bin der Unfall, verdammt! Noch bis zum Sommer, und ich bin genauso schön wie sie. Dann fahre ich nach Budapest und suche ihn. Solange behalte ich dich bei mir. Hier, an meiner Seite. Und du musst mir Blut besorgen. Jung und schön müssen sie sein, von denen es stammt. Sehr jung und sehr schön. Nimm Geld, so viel du brauchst.

ARANKA In den Nächten ist es so still, seit Csilla … Oft wache ich auf, kann nicht wieder einschlafen, ich höre sie weinen oder stöhnen, höre etwas Schreckliches durch die Flure schleichen, höre Gespenster, die uns auflauern, ich spüre etwas Bitteres auf der Zunge. Ich kann nicht atmen. Ich sehe Csilla. Ich sehe sie jeden Tag da auf dem Boden liegen.

ERZSÉBET Verstehe doch. Ich will nichts zurückholen, ich will es beenden. Nur diesen einen Sieg, den brauche ich noch. Dass ich vor ihm stehe, bald, sehr bald, schön, wie es ihm gebührt, damit er sich die Lippen blutig beißt, damit er taumelt und stürzt, damit er seinen Kopf an die Wand schlägt, aus Reue und Verbitterung. Diesen Sieg darfst du mir nicht nehmen. Du bist es mir schuldig.

ARANKA Die Frauen werden mir nicht trauen. Sie werden etwas wittern. Schnell werden Gerüchte die Runde machen. Horvat wird etwas zu Ohren kommen, was er gegen Sie verwenden kann. Seit Sie ihn des Amtes enthoben haben, wartet er nur auf eine Gelegenheit.

ERZSÉBET Dann werde ich ihm eine geben.
ARANKA Was meinen Sie damit?
ERZSÉBET Er wird uns helfen. Er wird uns helfen müssen.

17.

Der Tisch ist gedeckt, Essen steht bereit. Das Kerzenlicht zeichnet Schatten auf Gesichter. Neue Landkarten, neue Möglichkeiten.

HORVAT Ihre Einladung hat mich überrascht.
ERZSÉBET Vielleicht war ich ein wenig voreilig.
HORVAT Was wollen Sie?
ERZSÉBET Čachtice braucht Sie noch. Ich denke, Sie sollten bis zur nächsten Ernte im Amt bleiben.
HORVAT Bis zur nächsten Ernte? Warum?
ERZSÉBET Blut. – Sie fragten, was ich wolle. Ganz einfach. Ich brauche Blut.
HORVAT Wessen Blut?
ERZSÉBET Stellen Sie keine unnötigen Fragen, dann vermeiden Sie auch unangenehme Antworten. Aranka wird Ihnen genaue Anweisungen geben. Aber ich brauche Gewissheit.
HORVAT Welcher Art?
ERZSÉBET Die Gewissheit Ihrer Diskretion.
HORVAT Sollte ich auf Ihre Bitte eingehen, so nur gegen eine unbefristete Wiedereinsetzung.
ERZSÉBET Sie halten sich immer für unersetzlich, Horvat, das ist Ihr großer Fehler.
HORVAT Ich bleibe im Amt. Vor und nach der Ernte.
ERZSÉBET Ein Jahr. Ein ganzes Jahr.
HORVAT Nein.

ERZSÉBET Treiben Sie es nicht zu weit!

HORVAT Wissen Sie, was Ihr Fehler ist? Sie halten sich für unverletzbar. Nun also: was ist Ihnen meine Diskretion wert? Was Ihr guter Ruf?

ERZSÉBET Wenn ich zustimme, welche Sicherheit habe ich?

HORVAT All die Jahre, die ich im Rat für Sie gewirkt habe, sollten genügen.

ERZSÉBET All die Jahre voller Vorwürfe, voller Missgunst, voller Misstrauen, voller erzwungener Loyalität – meinen Sie das?

Horvat wendet sich zum Gehen.

ERZSÉBET Nein, warten Sie. Ich appelliere also an Ihr Gewissen, falls Sie noch eines haben.

HORVAT Sollte es mir abhandengekommen sein, so wären Sie daran nicht ganz schuldlos.

ERZSÉBET Gut, ich meinte es nicht so ... das mit dem Fehler.

HORVAT Bitte, lassen Sie das.

ERZSÉBET Nein, es war der hitzigen Diskussion geschuldet, dass ich mich zu diesem Wort habe hinreißen lassen. Es war damals wohl folgerichtig, dass wir taten, was wir taten.

HORVAT Dann sind wir uns also einig. Ich werde tun, was nötig ist.

ERZSÉBET Aber noch eine Gewissheit brauche ich, Horvat. Die Gewissheit, dass es junges Blut ist. Jungfräuliches Blut. Frisches Blut. Denn abgestanden büßt es seine Wirkung ein.

18.

Die Burg hüllt sich in Schweigen und gewöhnt sich langsam an die Trauer als Dauerzustand, ja, es fängt sogar an, ihr zu gefallen. Aranka kommt aufgeregt herein, ihre Hände blutig.

ARANKA Eine Wäscherin aus dem Dorf, ein junges Ding! Sie brauchte Geld. Ich nahm sie mit in die Scheune und habe ihr die Ader geöffnet, wie ich es immer tue. Aber sie ... sie wäre fast verblutet. Ich musste sie verbinden und halbtot nach Hause bringen lassen. Ich ertrage das nicht mehr. Jeden Tag das viele Blut.

ERZSÉBET Hast du es aufgesammelt?

ARANKA Sie wäre fast gestorben!

ERZSÉBET Sie hat sich zu sehr an ihre Schönheit geklammert. Hat wohl gedacht, die gehöre nur ihr. Hat nichts davon abgeben wollen.

ARANKA Andere haben es nicht überlebt. Sagt Horvat.

ERZSÉBET Hör nicht auf ihn! Er will dir nur was einreden, damit er noch mehr Forderungen stellen kann.

ARANKA Ich wünschte, ich wäre tot, nicht Csilla, und nicht die anderen Frauen. Ich wünschte, ich würde daliegen, kalt und regungslos. Ich wünschte, Sie hätten mich nie zu sich geholt.

ERZSÉBET Und was, denkst du, wäre aus dir geworden? Wo wärst du heute? Eine Dirne, zigfach geschwängert wie eine Katze, breit in den Hüften und hässlich im Gesicht. Ohne Aussicht auf eine Zukunft. Ich war es, die dir eine gegeben hat. Ich habe dir alles gegeben, mehr als meinen eigenen Kindern.

ARANKA Eine Zukunft, ja? *Zeigt ihre blutigen Hände.* Hier, hier haben Sie Ihre Zukunft, ich hab sie an meinen Händen, in meinem Mund, an meinen Kleidern, nehmen Sie sie, schmecken Sie sie, trinken Sie sie, wenn Sie wollen. Und? Wie ist sie? Ist sie gut? Die wievielte Falte ist verschwunden? Welches Alter haben Sie nun erreicht? 18? 19? 20? Wie alt sind Sie? Sagen Sie es mir!

ERZSÉBET Sieh mich an, Aranka, und du musst zugeben, dass es nicht umsonst gewesen ist.

ARANKA Es gibt keinen Weg zurück. Sie werden unersättlich sein, werden nach immer mehr gieren. Sie werden alles nehmen, was sich Ihnen bietet, voller Dankbarkeit, ja, selbst für Gift und Schläge. Sie werden eine Beute sein, für immer und ewig. Eine Beute, die man erlegen wird, denn Ihnen bleibt keine Rückzugsmöglichkeit. Sie werden noch dafür zahlen, sich bewerten zu lassen. Sie werden nackt vor Tausenden von Augen stehen, die Sie schamlos und höhnisch anstarren, bevor man Sie auf den Scheiterhaufen schickt. Sie schaufeln sich das eigene Grab. Ja, aus freien Stücken legen Sie den Kopf auf die Schlachtbank – und glauben am Ende noch, Sie tun es um der Schönheit willen.

ERZSÉBET Und du wirst mir bei all dem zur Seite stehen, um meinetwillen.

Sie nimmt Aranka in den Arm. Küsst sie. Das fremde Blut auf ihren Körpern vereint sie. Trotzdem kein schöner Anblick.

ERZSÉBET Wir werden neu beginnen, Aranka, ich verspreche es dir, und mit der Zeit wird das Vergessen kommen. Wir machen alles wieder gut.

ARANKA Wieder gut? Wieder gut?! Dann erwecken Sie sie zum Leben! Na los, tun Sie es! Tun Sie es!
ERZSÉBET Aranka, bitte. Ich brauche dich.
ARANKA Sagen Sie das nochmal!
ERZSÉBET Ich brauche dich.
ARANKA Auf die Knie, los, auf die Knie! Und schreien Sie es hinaus, bitten Sie mich, flehen Sie mich an, wie ich Sie jahrelang angefleht habe.

Erzsébet kniet sich hin.

ARANKA Bitte, stehen Sie auf. Verzeihen Sie, verzeihen Sie mir! Es tut mir leid, bestrafen Sie mich, schlagen Sie mich. Oder, nein, schneiden Sie *mir* die Ader auf, ich kann es, ich bin wieder bei Kräften.
ERZSÉBET Dein Blut ist nicht mehr gut genug. Du bist zu alt, Täubchen.

19.

Im Sturz lernt so mancher das Fliegen: Flügel wachsen aus den Schultern, man schwebt hoch über der Erde, tänzelnd über den Sternen, und obwohl man weiß, gleich, gleich werden die Flügel reißen, unausweichlich, so strahlt man doch mit der Milchstraße um die Wette und lässt sich die Sternschnuppen genüsslich auf der Zunge zergehen. Man sagt, im freien Fall schmecken sie am besten.

ERZSÉBET Wie viel, Horvat? Wie viel diesmal?
HORVAT Ich will kein Geld.

ERZSÉBET Sie wollen immer Geld. Dieser Hunger ist bei Ihnen nicht zu stillen. Gut, ich verdoppele Ihr Honorar.

HORVAT Es geht nicht darum. Sie wissen, was ich will. Sie wussten es die ganze Zeit.

ERZSÉBET Immer dieses Hyänenhafte in Ihren Worten, in Ihren Blicken, wie unsagbar ermüdend und schwer Sie sind.

HORVAT Seit Jahren fehlt jemand, der einmal Ihre Geschäfte fortführt.

ERZSÉBET Wie Sie wissen, habe ich einen Erben. Paul.

HORVAT Der vielleicht etwas von Tieren und Pflanzen versteht, aber ganz gewiss nicht von Geschäften.

ERZSÉBET Sie machen sich wieder lächerlich, Horvat. Und was lässt Sie eigentlich glauben, dass Sie mich überleben?

HORVAT Ihr Wunsch, *jung* zu sein, Gräfin. Wer jung werden will, wird nicht alt. *Pause.* Ihnen fehlt ein Mann an Ihrer Seite.

Erzsébet lacht, immer lauter und zügelloser.

HORVAT Mit Ihrem Spott setzen Sie meine Diskretion aufs Spiel.

ERZSÉBET Und wenn? Welche Beweise habt Ihr schon?

HORVAT *zeigt auf Blutspuren im Zimmer.* Ihr Treiben hinterlässt Spuren.

ERZSÉBET Blut kann man aufwischen.

HORVAT Aber Knochen nicht. Knochen, wie sie hier auf Ihrem Grundstück liegen, nicht einmal zwei Fuß tief unter der Erde.

ERZSÉBET Das ist eine Lüge!

HORVAT Soll ich sie Ihnen zeigen? Wir können das Grundstück umgraben lassen. Doch niemand beschuldigt Sie. Noch nicht.

ERZSÉBET Sie widern mich an. Ihre Schwächen und Ihre niederen Begierden. Ihr Umherschleichen. Ihr Gesicht. Ihre Worte. Dieses Klebrige in Ihrer Stimme. Dieses devote Alles-in-Kauf-Nehmen, bloß um an Geld zu kommen. Ihre Gier.

HORVAT Wenn das so ist, kann ich nicht weiter für Ihre Sicherheit bürgen.

ERZSÉBET Nicht nur die Nacht war ein Fehler, Horvat, Sie selber sind einer. Raus mit Ihnen, sofort! Und wagen Sie ja nicht wieder, davon zu halluzinieren, Sie würden einmal der Mann an meiner Seite.

HORVAT Man wird Sie eine Hexe nennen. Kein Blut der Welt wird Sie davor bewahren.

Horvat ab.

ARANKA *kommt herein* Er wird auspacken, wenn er nicht bekommt, was er will.

ERZSÉBET Was geht es mich an? Solange ich bekomme, was ich will. Lass alles bereitmachen für die Reise nach Budapest.

ARANKA Wir dürfen Čachtice nicht verlassen. Nicht jetzt.

ERZSÉBET Das werden *wir* auch nicht. Du wirst bleiben. Ich allein bin es, die fährt.

ARANKA Aber was soll ich hier, ohne Sie?!

ERZSÉBET Du wirst zu leben lernen. Dein eigenes Leben, das Leben, das du verdienst. Du wirst deinen Weg gehen, den Weg, den ich dir aufgezeigt habe. Du wirst meine würdige Nachfolgerin sein, mein kluges Vermächtnis.

ARANKA Nein, das meinen Sie nicht ernst, das sagen Sie nur, um mir wehzutun. Das dürfen Sie nicht. Bitte, sagen Sie, dass Sie mich mitnehmen!

ERZSÉBET Du bleibst, weil ich es sage. Ich, die Báthory. Die Schwester des Königs von Polen, die Frau des Franz Nádasdy, des »Schwarzen Ritters«, die Herrin von Burg Beckov und Sárvár, von Burg Leka, Esced, Kanizsa, Illava, Lendva, Tokaj, den prächtigsten Weingärten des Landes, ich bin es, Gebieterin über die Güter in Nagycenk, Füzér, Devin, Sopron, Trnava und Piestany. Ich, die Könige beriet und über Kriege entschied. Ich bin es, immer noch.

20.

Im Morgengrauen. In der Ferne kreischt ein Vogel. Er sucht nach Seinesgleichen und wird nicht fündig. Die Burg ist durchsucht worden.

ERZSÉBET Was soll das Theater? Soll mich die Wache dort draußen beeindrucken? Wovon könnte die mich abhalten? *Stille.* Wo ist Aranka? Wieso hat sie mich nicht geweckt?

HORVAT Sie war es, die mich gerufen hat.

ERZSÉBET Unmöglich!

HORVAT Vorige Nacht, da kam sie zu mir, verängstigt, mit roten Augen, zitternden Knien stand sie da, hilfesuchend, hat mich angefleht, sprach unentwegt von Schuld und Vergebung, von Sünde und Strafe – und davon, dass Sie Čachtice verlassen wollten.

ERZSÉBET Nun, so sind Sie ja im Bilde. Leider habe ich keine Zeit für Plaudereien, Horvat.

Horvat versperrt ihr den Weg.

HORVAT Sosehr ich es bedauere, Gräfin, Sie können die Burg nicht verlassen. Nicht unter diesen Umständen.

ERZSÉBET Welchen Umständen?

HORVAT Es liegen schwere Anschuldigungen gegen Sie vor. 30 tote Mädchen, allein auf der Burg. So heißt es.

ERZSÉBET So heißt es also.

HORVAT Ich kann den Leuten nicht den Mund verbieten.

ERZSÉBET Wochenlang konnten Sie es, und jetzt, auf einmal, nicht mehr?

HORVAT Es gibt Zeugen. Ihre Wäscherinnen, Mägde und Köchinnen werden alles bestätigen, wenn man sie zum Sprechen bringt.

ERZSÉBET Und Sie sind es, Horvat, der ihnen die Zungen löst, nicht? Ja, Sie sind der Erste, der sein schwarzes Maul aufreißt! Aber was genau sind Sie eigentlich? Welche Rolle spielen Sie in diesem Spektakel?

HORVAT Die nächsten Stunden werden es zeigen. 24 Stunden, um genau zu sein. Dann wissen wir, welche Rolle mir zufällt: die Ihres Gemahls, oder die Ihres erbittertsten Feindes. Die Entscheidung liegt bei Ihnen, Erzsébet.

ERZSÉBET Ich entsinne mich nicht, Ihnen erlaubt zu haben, mich so vertraulich anzusprechen.

HORVAT Die Umstände gestatten es mir, Erzsébet.

ERZSÉBET Hören Sie mir auf mit Ihren »Umständen«. Lassen Sie mich nach Budapest reisen. In einer Woche bin ich zurück. Dann können Sie Anklage erheben. Ich werde jede Strafe akzeptieren.

HORVAT Nein.

ERZSÉBET Eine Woche. Keinen Tag mehr. Sie kennen mich, Sie wissen, dass ich Wort halte.

HORVAT Und Sie kennen meine Bedingung.

ERZSÉBET *lacht* Horvat, Sie sind ein wahrer Clown! Noch nie im Leben haben Sie mich so amüsiert. Das hätten Sie früher offenbaren müssen, Ihr komisches Talent! Meine »Bedingung«? Wie Sie das sagen! Schade, dass Sie sich dabei nicht selber sehen können. *Plötzlich ernst.* Lieber verbringe ich den Rest meines Lebens in einem Kerker, als eine Sekunde an Ihrer Seite.

HORVAT Das ist Ihr letztes Wort?

Das Schweigen wiegt schwer und liegt bleiern im Magen. Horvat ab.

ERZSÉBET Horvat, nein, warten Sie, ich … Ich muss nach Budapest. Ich muss … Hier, kommen Sie, nehmen Sie, was Sie wollen, lassen Sie mich nur … Lassen Sie mich durch!

21.

Die Tür hinter dem Spiegel steht offen und lockt. Erzsébet allein. Akos kommt herein.

AKOS Endlich! Endlich bin ich bei dir. – Bist du mir böse? Es tut mir leid, dass ich dir nicht die Wahrheit gesagt habe.

Sie lacht. Hysterisch oder nicht. Hört abrupt auf.

ERZSÉBET Welche von deinen Wahrheiten meinst du, Akos? Wo hast du deine reizende Frau gelassen? Hast du sie mitgebracht? Soll ich sie kennenlernen? Sollen wir zusammen zu Abend essen?

AKOS Was für eine Frau?

ERZSÉBET Hast du ihr erzählt, wie sehr dich meine fahle Haut ekelt? Habt ihr euch über mich lustig gemacht, als ihr mit verschwitzten Leibern aufeinander gelegen habt?

AKOS Wovon sprichst du, Erzsébet?

ERZSÉBET Und die Kinder, hast du sie auch dabei? Soll ich ihnen Zuckerwatte und Bratäpfel kommen lassen?

AKOS Du redest wirres Zeug. Beruhige dich, hör mir zu. Ich war im Gefängnis. In einem mickrigen, verdammten, stinkenden Loch war ich eingesperrt. Mit meiner Arbeit lief es nicht so gut in den letzten Jahren. Ich hatte Schulden, die ich nicht begleichen konnte, ich hatte gehofft, wenn ich für eine Weile aus Budapest verschwände, wenn ich die Stelle hier annähme, dass ich dann ein neues Leben beginnen könnte. Ich wollte dich um Geld bitten, aber bei unserer ersten Begegnung, da sagtest du, dass alle immer nur auf dein Geld aus sind. Und ich wollte für dich nicht *alle* sein. Horvat wusste Bescheid, er hetzte die Schuldner auf mich, als ich mich weigerte … Aber das spielt keine Rolle mehr. Ich bin hier. Nur das zählt. – Warum siehst du mich so an? Erzsébet? Was ist los? Was haben diese Männer im Hof zu suchen?

Er tritt langsam an sie heran. Sie schweigt. Sie sieht ihn an und sieht ihn an und sieht ihn an, und die Welt steht still.

ERZSÉBET Wegen ein paar lumpiger Münzen hat man dich eingesperrt? Wegen ein paar lumpiger Münzen bist du fortgegangen? Wegen ein paar lumpiger Münzen habe ich dich nicht sehen können?

AKOS Aber das habe ich Aranka doch geschildert, damals, als sie mich im Gefängnis besucht hat.

Er tritt an sie heran, nimmt sie in den Arm, beginnt sie zu küssen.

ERZSÉBET Einerlei, Akos, jetzt ist alles einerlei. Denn das, worauf es ankommt, das habe ich. Deine Frau, du wirst sie verlassen, wenn du mich nur lang genug ansiehst.

AKOS Erzsébet, hör auf, es gibt keine andere Frau, es hat nie eine gegeben.

ERZSÉBET Warte, schau mich an und sag, wie du mich findest.

AKOS Du bist schön wie immer.

ERZSÉBET *schreit* Nein, nein, nein! Schau mich an! Siehst du den Unterschied, siehst du ihn?

AKOS Aber du hast dich überhaupt nicht verändert.

ERZSÉBET Wir brauchen mehr Licht. Hier: meine Haut, meine Gelenke, mein Hals, mein Mund, meine Augen, meine Brüste ... Ich habe es für dich getan, du musst es sehen!

AKOS Du fühlst dich noch genauso an, du riechst genauso, du schmeckst genauso.

ERZSÉBET *schreit* Aber ich bin nicht genauso! Ich bin nicht die Alte! Das bin ich nicht!

AKOS *packt sie bei den Schultern, schüttelt sie* Doch, Erzsébet, doch, du bist die Alte. Und ich will auch keine andere. Beende dieses idiotische Spiel! Ich weiß nicht, was in dich gefahren ist, aber ich will, dass du damit aufhörst. Ich habe dich nie belogen, ich bin das, was ich bin, das, was du siehst, was du anfassen, was du dein eigen nennen kannst. Ich bin da, und ich werde bleiben.

ERZSÉBET *beginnt sich auszuziehen* Hier, schau, schau, wie jung meine Haut ist. Fass sie an. Berühr mich, besonders da: keine einzige Falte mehr!

Sie zwingt ihn, sie anzusehen und zu berühren. Er stößt sie weg, doch sie legt seine Hände immer wieder auf ihren Körper, auf ihr Gesicht.

ERZSÉBET Spürst du es? Spürst du? Hier, meine Brüste, so fest, wie bei einer 16-jährigen. Damit du es gut hast.

AKOS Hör auf! Zieh dich an! Zieh dich wieder an!

ERZSÉBET Und meine Beine, stramm, wie bei einem Soldaten. Meine Haare, sie sind viel voller nachgewachsen, und die Falten um den Mund, alle weg, keine einzige ist übrig geblieben. Sag es. Sag es, verdammt!

AKOS Erzsébet …

ERZSÉBET Nein, nein, du blinder Lügner! Du undankbarer Abschaum, du Missgeburt! Sieh mich an, sieh mich richtig an, sieh mich an!

Da er sich weigert, sie anzufassen, schlägt sie ihn, immer wieder, bis er sie zu Boden wirft und aus dem Raum rennt.

22.

Es ist hell geworden, die Wolken schlafen miteinander, Wind kommt auf und fegt sie fort. Man hört Schritte von draußen. Soldaten sind im Anmarsch. Erzsébet auf dem Boden, sie rührt sich nicht. Aranka kommt herein.

ARANKA Er hat nach Ihnen gefragt, damals, an diesem gottlosen Ort, wo man ihn festhielt, als ich ihn besuchte. Er hat Ihren Namen gerufen, immerzu. Ich bot ihm an, ihn freizukaufen, das müssen Sie mir glauben. Aber er wollte nicht, verbot es mir sogar, und ich war erleichtert, ja, ich gebe es zu. Ich wollte verhindern, dass er nochmal herkommt und weiter Ihre Gedanken trübt, Ihre Kräfte raubt, denn er war doch der Grund für Ihre Trübsal, für Ihre Krankheit. Und ich war wütend. Ich war so wütend, er hatte Sie so verändert …

Und trotzdem habe ich es versucht. Ihrem Willen habe ich mich nie widersetzt. Hätte er eingewilligt, hätte ich ihn mitgenommen, zu Ihnen, auf die Burg, in Ihre Arme, wie Sie es wollten, ich hätte alles getan, das wissen Sie, für Sie hätte ich noch meine Wut gebändigt, meinen Wunsch, ihn in den Boden zu stampfen. Auf der Rückfahrt von Budapest, da wollte ich Ihnen die Wahrheit sagen, wollte einräumen, dass ich mich geirrt hatte, dass er in Wirklichkeit die Tage zählte bis zu seiner Rückkehr. Aber dann … dann stürmten Sie mir entgegen, keine Sekunde haben Sie wissen wollen, wie es mir auf der langen Fahrt ergangen war. Sie sahen mich an mit diesen gierigen Augen, mit dieser Kälte, dieser Grausamkeit. Sie waren so voll von ihm, Sie sahen durch mich hindurch. Und da, auf einmal, log ich Sie an. Zum ersten Mal, seit ich bei Ihnen bin, log ich Sie an. Und ich hatte kein Mitleid mit ihm, kein Mitleid mit Ihnen. Merkwürdig, nicht? Im Gegenteil, es bereitete mir Freude, ja, es bereitete mir große Freude zu sehen, wie Sie vor Zorn und Demütigung anschwollen, denn da, endlich, sahen Sie mich zum ersten Mal wirklich an. *Sie fängt an, sich zu ritzen, aber dieses Mal nicht horizontal. Das Blut ist rot und wird bald schwarz sein.* Ihre letzten Falten werden davon verschwinden. Alles verschwindet. Nur Sie nicht. Ja, nehmen Sie nur, nehmen Sie. Nehmen Sie alles, was ich habe. Ich will nichts mehr. Lieber bin ich ein Blutfleck an Ihrem Körper, als irgendetwas sonst ohne Sie.

Erzsébet schmiert sich ihr Gesicht mit Arankas Blut ein, wie im Wahn. Aranka legt ihren Kopf in Erzsébets Schoß. Sie spricht immer langsamer und leiser.

ARANKA Wenigstens mein Blut brauchen Sie. Wenigstens das. Es tut mir leid. Oder. Nein, es tut mir nicht leid. Es tut mir kein bisschen leid. Ich bin froh, ich bin so froh, dass es Ihnen weh tut. Dass es zu spät ist. Dass er vor Kummer vergeht. Dass er wie ein Wahnsinniger in der Burg herumirrt, nach Antworten sucht und sie nicht findet. Weil er sie nicht sehen, nicht kennen, nicht verstehen kann. Endlich wird die Erde auch unter Ihren Füßen beben. Endlich werden sich schwarze Rosen um Ihren Kopf ranken und Dornen aus Ihren Wangen sprießen. Endlich wird jeder Ihrer Schritte eine Tortur sein. Endlich wird jedes Lächeln von Ihnen einer jahrhundertewährenden Sehnsucht gleichen.

Endlich werden Sie einen Fluch tragen, wie ich es mein Leben lang getan habe. Das Schicksal hat für uns entschieden. Ich bin nur dem Weg gefolgt, den Sie mir aufgezeigt haben. Und doch könnten mich keine tausend Engel aus diesem lichtlosen Kerker befreien, dem Ort, an dem ich bin, hier. Keine Armee von Engeln kann mich von diesem Fluch befreien, von diesem Fluch, der Ihren Namen trägt. Gleich kommen sie. Gleich werden sie da sein. Ich höre schon Schritte …

Aranka regt sich nicht mehr. Erzsébet ist voller Blut. Sie schreit, schreit nicht, weint, weint nicht. Man hört Stimmen im Hintergrund, man sucht nach ihr.

ERZSÉBET Hier bin ich, hier. Nehmt mich mit. Bitte nehmt mich mit. Ich bin hier!

EPILOG

Aus dem Off hört man zwei oder mehr Männerstimmen. Horvats Stimme dominiert.

HORVAT Was macht ihr hier? Ihr dürft nicht hier sein! Verschwindet! Wie oft habe ich euch gesagt, dass ihr nicht zur Burg kommen sollt!

EIN MANN Aber wir wussten nicht, wohin mit der Lieferung. Sonst wären wir doch nie hergekommen. Die Bauern haben neues Blut gebracht, der ganze Wagen riecht danach. Vor allem das Ziegenblut, das stinkt bestialisch ...

HORVAT Wofür zahle ich euch? Dafür, dass ihr meine Anweisungen befolgt, oder etwa nicht? Also schüttet das verdammte Zeug weg. Habt ihr denn keine Augen im Kopf, seht ihr nicht, was hier vor sich geht? Und der Prozess steht ja noch bevor.

EIN MANN Aber Sie sagten doch, uns könne nichts passieren, niemand würde uns suchen.

HORVAT Ja, wenn ihr hier im Schloss herumstolziert, mit Schweine- und Ziegenblut im Schlepptau, glaubt ihr, da muss man euch erst suchen? Ist euch denn nicht klar, dass ihr nicht nur mich, sondern auch euch selbst in große Gefahr bringt?

EIN MANN Wenn man uns als Zeugen vorlädt, sind wir geliefert. Vor allem ich, wo ich doch so schlecht lügen kann. Sogar meine Kinder sehen mir gleich an, wenn ich nicht die Wahrheit sage.

HORVAT Niemand wird euch zu irgendetwas vorladen, denn ihr existiert nicht. Morgen kommt ihr Schnösel von Sohn, dann regeln wir alles Weitere, ihr erhaltet eure letzte Rate und könnt tun und lassen, was ihr wollt, wenn es nur weit genug weg ist. Und dann sehen wir uns nie wieder. Verstanden?

EIN MANN Heißt das, wir müssen fort aus Čachtice?

HORVAT Ob ihr verstanden habt, habe ich gefragt.

EIN MANN Ja, Ratsherr Drugeth.

HORVAT Schaut euch nur dieses Silber an, diese Gemälde und die Teppiche, einfach unglaublich. Was diese Frau alles hatte. So viel Pracht, so viel Schönheit.

NINO HARATISCHWILI
1983 in Tiflis (Georgien) geboren. Studium der Filmregie in Tiflis sowie der Schauspieltheaterregie an der Theaterakademie Hamburg, Hochschule für Musik und Theater. Mit ihren Stücken und Inszenierungen war sie unter anderem eingeladen zu den Autorentheatertagen am Thalia Theater, Hamburg, zum Heidelberger Stückemarkt und zu den Werkstatttagen am Wiener Burgtheater. Lebt in Hamburg.

Theaterstücke im Verlag der Autoren:
Georgia, UA (unter dem Titel »Agonie«) Lichthof-Theater Hamburg, 2007; *Mein und dein Herz (Medeia)*, UA Kampnagel Hamburg, 2007; *Liv Stein*, UA Heidelberger Theater, 2009; *Selma, 13*, UA Fleetstreet Hamburg / Theaterakademie Hamburg, 2009; *Algier*, UA Lichthof-Theater Hamburg, 2009; *Die zweite Frau*, UA monsun theater Hamburg, 2009; *Zorn*, UA Deutsches Theater Göttingen, 2010; *Radio Universe*, UA Kampnagel Hamburg, 2010; *Atmen*, UA monsun theater Hamburg, 2010; *Das Jahr von meinem schlimmsten Glück*, UA Lichthof-Theater Hamburg, 2010; *Das Leben der Fische*, UA Deutsches Theater Göttingen, 2011; *Wir ohne uns*, UA Junges Schauspielhaus Hamburg, 2012; *Kokoro*, UA Saarländisches Staatstheater Saarbrücken, 2012; *Elektras Krieg*, UA Deutsches Schauspielhaus Hamburg, 2012; *Das Land der ersten Dinge*, UA Deutsches Theater Berlin / Slovenske Narodne Divadlo Bratislava, 2014; *Herbst der Untertanen*, UA Lichthof Theater Hamburg, 2014; *Schönheit*.

Prosa:
Juja. Roman, 2010; *Mein sanfter Zwilling*. Roman, 2011; *Das achte Leben (für Brilka)*. Roman, 2014.

Preise (Auswahl):
2008 Autorenpreis des Heidelberger Stückemarkts für *Liv Stein*
2008 Rolf-Mares-Preis
2010 Adelbert-von-Chamisso-Förderpreis
2011 Preis der unabhängigen Verlage für ihren Roman *Mein sanfter Zwilling*
2011 Debütpreis des Buddenbrookhauses für ihren Roman *Juja*
2015 Literaturpreis des Kulturkreises der deutschen Wirtschaft
2015 Anna Seghers-Preis

Bücher von Nino Haratischwili in der Theaterbibliothek

Georgia / Liv Stein
152 S. Br. 14 €. ISBN 978-3-88661-318-2

In *Georgia* verknüpft Nino Haratischwili den Unabhängigkeitskampf Georgiens mit einer Familiengeschichte: Eines Tages bricht die 25-jährige Nelly zu einer Reise in ihre Heimat Georgien auf. Sie will wissen, was ihre Mutter in Moskau tat an jenem Tag, als sie starb.

Liv Stein handelt von dem prekären Verhältnis von Kunst und Leben, von Realität und Fiktion. Die Titelfigur, eine Konzertpianistin, hat sich zeitlebens der Musik verschrieben – auf Kosten ihrer Umwelt und ihres inzwischen verstorbenen Sohnes. Doch als Lore, eine junge Klavierschülerin, in ihr Leben tritt, wird Liv von ihrer Vergangenheit eingeholt. Das Stück wurde mit dem renommierten Autorenpreis des Heidelberger Stückemarkts 2008 ausgezeichnet.

Zorn / Radio Universe
144 S. Br. 12 €. ISBN 978-3-88661-342-7

In *Zorn* stehen acht Menschen an Wendepunkten ihres Lebens, ihre Biographien berühren sich einen schicksalhaften Moment lang und sind von da an unlösbar ineinander verschränkt. Es ist ein einziger Tag, an dem jeder von ihnen in eine Ausnahmesituation gerät, die eine Entscheidung abfordert – die Wahrheit zu sagen oder sie zu verleugnen, sich zum Leben oder zum Tod zu bekennen, Stärke zu zeigen oder Schwäche zuzulassen. Im eigenen, kleinen Radius erproben Haratischwilis Figuren, wie es ist, sich nicht mehr abzufinden und einmal konsequent zu sein.

Radio Universe spielt in einer Nacht im August 2008 zur Zeit des Kaukasus-Konflikts. Private wie gesellschaftliche Krisen beherrschen diese Nacht, in der in Deutschland Schnee fällt, mitten im Sommer, und in der in Georgien unvermittelt Bomben fallen. Sechs einsame Figuren begleitet Haratischwili durch die Nacht: an verschiedenen Orten, mit unterschiedlichen Geschichten. Und doch sind sie alle miteinander verbunden, nicht zuletzt dank Jo, dem Radiomoderator, dessen Sendung die Grenzen von Ort und Zeit zu überwinden scheint.